# Partnerfibel

**Die kleinen Signale**

von

**Dr. Peter Echevers H.**

„Partnerfibel" Erstveröffentlichung 2022
Lektorat: PSE Ltda. Rio de Janeiro
Verlag: LULU Press Enterprises
© Cover-Gestaltung Dr. Peter Echevers H.
© Dr. h.c. Peter Echevers H., Rio de Janeiro
E-Book:        ISBN
Paperback:     ISBN 979-8-830-02497-6
Hardcover:     ISBN 979-8-829-48951-9



PSE Publications Service Echevers Ltda.
Ladeira da Colina, 2 Geribá
28950-000 Armação dos Búzios, RJ

**Widmung**


Meinem Freund und Schlaraffenbruder Klaus Lemke gewidmet.

# Index

## Gedanken zum Buch

In der Geschäftswelt kenne ich persönlich keine einzige Partnerschaft, die tatsächlich funktioniert hat. Seien es die beiden Schreiner „Hammeke und Mahlmann", die eine eigene Tischlerei aufbauen wollten, noch Großkonzerne wie Thyssen-Krupp. Aus der anfänglichen Euphorie, „das machen wir zusammen" entwickelten sich unterschiedliche Anschauungen, Vorgehensweisen und Zielsetzungen. Schließlich kamen Misstrauen und Betrug dazu, das Ende des Unternehmens war abzusehen.

Was wir im Geschäftsleben nicht auf die Reihe bekommen, scheint in einem anderen Universum zu geschehen, denn mit unserer ganzen Leidenschaft setzen wir alles daran, dass wir in unserem Privatleben unsere Beziehung in einen glücklichen Dauerzustand verwandeln wollen.

Das ist lobenswert und nachvollziehbar, und genau hier setzt mein Buch an. Sie erhalten ein paar Hebel, wenn es klemmen sollte, wäre in der Mechanikersprache gut ausgedrückt. Ganz sicher haben es von Natur aus empathische Menschen leichter, wie die, die vorwiegend praktisch veranlagt sind. Aber da wir alle lernfähig sind, findet jeder von Ihnen bei der kleinen Reise durch mein Buch ein paar Signale, die ihm zu einer weiteren Perspektive verhelfen.

Fakt ist: Je besser man sein Gegenüber deuten, lesen und verstehen kann, umso wahrscheinlicher zeichnet sich ein Erfolg im Zusammenleben ab.

Die „Partnerfibel" ist bestimmt nicht die schlechteste Bettlektüre und wenn ich Ihrem Ego auf die Sprünge helfen oder Sie zumindest erheitern konnte, würde ich mich über eine kleine Rezension (da, wo Sie das Buch gekauft haben) freuen. Sollten Sie Fragen haben, oder mit Ihrem Wissen dieses Buch noch bereichern können, haben Sie keine Scheu, mir eine E-Mail zu schreiben: peter@echevers.com. In der Regel beantworte ich meine Leserpost innerhalb von 24 Stunden.

Ich wünsche Ihnen alles Glück der Welt und eine erfolgreiche Beziehung, angefüllt mit allen Facetten des Lebens, der Leichtigkeit und der Lebendigkeit.


Viel Freude beim Lesen

*Dr. Peter Echevers H.*

# 1 - Signale der Frauen verstehen

*Ihr Gesichtsausdruck*

Du dachtest also die ganze Zeit, er würde nicht auf deine Reaktionen achten? Das hat er ganz sicher! Nicht nur Frauen haben mit der Zeit die Fähigkeit entwickelt, Feinde von Freunden zu unterscheiden, sondern auch Männer. Sie wissen, wenn Du sie anlügst, indem sie Dir nur in die Augen schauen. Sie wissen, dass Du enttäuscht bist, wenn Du deine Lippen zusammenpresst. Sie wissen, wenn Du überglücklich bist! Auf diese Weise verstehen sie Frauen.

*Was die Vorliebe für die Farben deines Outfits der Männerwelt verraten*

Es ist kein Geheimnis, dass Farben symbolisch für unsere Stimmung, unsere Gefühle und unseren Appetit sind. Sie wirken sich auch auf genau diese drei Dinge aus. Du hast sicher schon gehört, dass Rot die Farbe der Liebe ist und Schwarz für Eleganz, Zuverlässigkeit und Schüchternheit steht. Daher ist die Wahl der Farbe Deines Outfits für Eure Verabredung ein unbewusster Hinweis an den Mann über Deine Pläne für den Abend. Weißt Du, was noch interessanter ist? Die Intuition des Mannes nimmt diese Signale auf!

*Deine Angewohnheit, unter der Dusche zu singen*

So absurd es auch klingt, Männer bemerken es. Denn wenn Du duschst, bist Du normalerweise allein, entspannt und gelassen. Das Gehirn schüttet das Glückshormon Dopamin aus. Du bist so entspannt, dass Du je nach Stimmung singen möchtest. Dein Gesang hilft Deinem Partner, mehr über Dich und Deine Stimmung zu erfahren, so dass er die nahe Zukunft der Beziehung besser einschätzen kann.

Wenn Du das nächste Mal unter der Dusche singst, solltest Du wissen, dass er zuhört und sich entsprechend auf Deine Stimmung einstellt!

*Ihre SMS-Sprache*

Da es viel Mut erfordert, seine Gefühle auszudrücken, nutzen die meisten von uns die Hilfe von SMS, um ihre Gefühle auszudrücken. Männer sind sich durchaus bewusst, wie leicht es uns fällt, unser wahres Ich in einer SMS auszudrücken. Deshalb achten sie auf den Tonfall in Deinen Textnachrichten. Sie achten darauf, wie oft, wie und wann Du ihnen schreibst – und welche Emojis Du verwendest.

Eine weitere Tatsache, die zum Nachdenken anregt: Linguisten sind der Meinung, dass der Gebrauch von Worten viel über den Charakter einer Person aussagt. Wenn Du Sätze wie "Ich wette, Sie glauben mir" verwendest, ist es wahrscheinlich, dass Du lügst. Wenn man solche Hinweise beachtet, kann man eine andere Person wirklich besser verstehen.


*Deine Vorlieben bei Getränken*

Männer wissen, dass Wein gut zu Meeresfrüchten passt. Oder wie Rotwein bei Stress getrunken wird oder dass du mit Freunden gerne Gin Tonic trinkst. Deine Vorliebe für ein bestimmtes Getränk sagt viel über Deine Stimmung aus, und das ist der Grund, warum Männer das bemerken. So wissen sie, was sie Dir als Nächstes bestellen sollen oder wie es Dir geht. Außerdem achten sie darauf, um zu sehen, ob du abhängig bist oder ob du es nur tust, um den Geschmack zu verändern.


*Die Kleidung, die du trägst, um einen Anreiz zu schaffen*

Männern ist es egal, welche Marke du trägst oder wie teuer dein Kleid ist. Sie interessieren sich nur für den Stil, den du trägst, und wie du ihn trägst. Männer versuchen, anhand Deiner Kleidung auf Deine Eleganz, Deinen Lebensstil und Deine Sexualität zu schließen. Wenn Du also ein Abendkleid trägst und Dein Haar ordentlich frisiert ist, wird er wissen, dass Du interessiert bist.

Du musst selbstbewusst sein. Ein schönes Kleid zu tragen ist keine Garantie dafür, dass er beeindruckt sein wird. Authentisch zu sein und selbstbewusst aufzutreten, wird ihn mit Sicherheit umhauen, wenn Du bereits umwerfend aussehen!

*Ob Sie ein Fleischesser sind oder nicht*

Wie oft hast Du bei einem Date schon einen Salat bestellt? Ziemlich oft, oder? Nun, die meisten Frauen tun das. Und warum? Weil einige sich als gesund und fit darstellen wollen, während andere nicht gierig oder als jemand, der viel isst, erscheinen wollen. Was auch immer der Grund sein mag, wenn Du nur einen Salat bestellst, wirkst Du auf ihn schüchtern und verlegen. Das macht die Anziehungskraft zunichte. Wenn Du jedoch das bestellst, was Du gerne essen möchtest, vermittelt ihm das den Eindruck, dass Du selbstbewusst und entspannt bist. Du beeindruckst ihn, indem Du das bestellst, worauf Du Lust hast, und nicht das, wovon Du glaubst, dass es ihn beeindruckt.

*Dinge, die Männer heimlich an Frauen attraktiv finden*

Es gibt kein Buch und keinen Artikel, der Dir genau sagen kann, was ein Mann an einer Frau mag.

Manche Männer fühlen sich von der körperlichen Erscheinung einer Frau angezogen, während manche Männer intellektuell anregende Frauen mögen. Alle Männer folgen jedoch einem bestimmten Grundmuster der Anziehung. Es gibt ein paar Dinge, zu denen sich fast jeder Mann, der auf der Erde wandelt, wahrscheinlich hingezogen fühlt. Männer erwähnen diese Dinge nicht oft, so dass sie unbemerkt bleiben.

Aber Du solltest wissen, dass sie, unbewusst oder bewusst, diese wenigen Dinge im Auge behalten.

## 2 - Dinge, die Männer an Frauen attraktiv finden

*Sanduhr-Figur*

Wir würden lügen, wenn wir sagen würden, dass die Figur für einen Mann keine Rolle spielt. Die meisten Männer mögen Frauen mit einer Sanduhr-Figur sehr. Die Sanduhrform wird definiert als "eine Frau, deren Körpermaße, der Umfang von Brust, Taille und Hüften, eine breite Brust, eine schmale Taille und eine breite Hüfte sind, die ähnliche Maße wie die Brust hat." Dies ist auch ein Zeichen dafür, dass eine Frau gesund und fruchtbar ist und zu gegebener Zeit auch einen Menschen in sich tragen kann. Einige Psychologen haben auch festgestellt, dass das Vergnügen, das ein Mann beim Anblick einer kurvigen Frau empfindet, der Reaktion seines Körpers auf Drogen entspricht.

*Körperliche Symmetrie*

Männer fühlen sich stark von Frauen mit scharfen körperlichen Merkmalen angezogen. Das gibt einer Frau eine wilde Ausstrahlung. Es muss noch herausgefunden werden, was so attraktiv ist, aber scharfe Gesichtszüge wirken auf manche Menschen wirklich "heiß". Sie üben einen starken sexuellen Reiz aus. Es könnte etwas mit einer starken und gesunden Blutlinie zu tun haben. Männer empfinden symmetrische Gesichter als faszinierender als andere.

Es ist in Ordnung, wenn man nicht von Natur aus messerscharfe Gesichtszüge hat. Die Schönheitsindustrie hat so viele Produkte entwickelt, die die Illusion einer scharfen körperlichen Symmetrie vermitteln können.


*Wunderschönes, langes Haar*

Viele Theorien zeigen, dass Männer Frauen mit längeren Haaren gegenüber solchen mit kürzeren Haaren bevorzugen. Das Haar kann als entscheidender Faktor für die allgemeine Gesundheit und Stärke angesehen werden. Im Laufe der Zeit sind Forscher zu dem Schluss gekommen, dass Frauen mit längerem Haar stärker sind als solche mit kurzem Haar. Ein soziales Experiment hat gezeigt, dass dieselbe Frau mit längerem Haar hübscher und attraktiver aussieht als mit kurzem Haar.


*Die Farbe Rot*

Männer fühlen sich unwiderstehlich von der Farbe Rot angezogen. Vor allem bei Frauen, und das ist inzwischen fast eine Tatsache. Nach jahrelanger Forschung haben Psychologen jedoch herausgefunden, dass dies daran liegt, dass Männer unbewusst an rote weibliche Genitalien denken, was Fruchtbarkeit und Erregung signalisiert. Es könnte ein rotes Kleid oder sogar roter Lippenstift sein.

*Pheromon-Duft*

Jeder Mann bevorzugt eine andere Art von Duft. Der eine mag Rosen, der andere Lavendel. Aber eines ist sicher: Männer fühlen sich zu Frauen hingezogen, die gut riechen. Manchmal sind es mehr als nur die Parfüms, die Frauen gut riechen lassen, und eine Frau ist gut beraten, sich auf die Düfte zu konzentrieren, die dem Partner gefallen. Auch wenn es nicht um Deinen Partner geht, könnte es um jemanden gehen, den Du beeindrucken willst. Guter Geruch ist wichtig!

*Fesselnde Augen*

Die Augen sind das erste, was ein Mann bei einer Frau wahrnimmt. Fast 70 % der Männer sagen, dass sie die Augen einer Frau zuerst sehen. Die Augen können viel über die Persönlichkeit einer Frau aussagen. Männer stehen auch auf Frauen, die ihnen direkt in die Augen schauen und sprechen. Das macht eine selbstbewusste Figur und sieht sogar richtig heiß aus. Je mehr Augenkontakt du herstellst, desto mehr würde ein Mann das Gespräch fortsetzen wollen.

*Tonfall der Stimme*

Die Stimme ist einer der am meisten unterschätzten Aspekte, und doch ist sie sehr wichtig. Eine Frau mit einer sanften, aber dennoch beherrschenden Stimme ist ein echter Hingucker. Jemand, dessen Stimme wohltuend für die Ohren ist und Ruhe ausstrahlt, ist eine Wonne. Leider spielt in der Erziehung im 21. Jahrhundert die

Modulation der Stimme überhaupt keine Rolle mehr, da wird in Oktaven gesprungen, geschrien und geflüstert, völlig ungesteuert.

*Küssbare Lippen*

In einer Studie der Universität Manchester wurde festgestellt, dass die Lippen zu den attraktivsten Körperteilen einer Frau gehören. Männer empfinden die Lippen von Frauen als den sinnlichsten Teil ihres Körpers, vor allem, wenn sie einen roten Lippenstift tragen. Erstaunlich, dass diese Universität das erst jetzt herausgefunden hat, denn die meisten Mädels wissen das schon mit acht Jahren.

## 3 - Das finden Männer unattraktiv

Die Dating-Szene ist für Frauen heutzutage fast genauso brutal wie für Männer. Der Grund dafür ist, dass wir abgelenkt sind und nicht viel Zeit haben, so dass es ziemlich schwierig geworden ist, die Aufmerksamkeit von jemandem zu gewinnen und zu halten.

Frauen sind dafür bekannt, dass sie sich mehr als andere um ihr Äußeres bemühen, sowohl für sich selbst als auch um attraktiv zu wirken, um das andere Geschlecht zu umwerben.

Auch wenn das alles mit guten Absichten geschieht, sind dies die Dinge, von denen Männer gesagt haben, dass sie sie nicht mögen und bei Frauen ziemlich unattraktiv finden:

*Zu viel Make-up*

Nach Ansicht der Männer ist dies das am meisten abtörnende Merkmal.

Wir verstehen, dass Frauen Make-up lieben, aber manchmal kann es zu viel sein. Männer haben gesagt, dass sie ein natürliches Aussehen bevorzugen, anstatt wenn sie Schichten von Make-up auf dem Gesicht sehen können.

Sie haben auch gesagt, dass, wenn die Frau zu viel Make-up trägt, wenn sie sie ohne Make-up sehen, sie fast wie eine andere Person aussieht als zu der Zeit, als sie all das Make-up trug. Schminken ist also eine Kunst. Hier die eigenen Vorteile hervorheben, das gilt es zu erreichen, nicht sich anders darzustellen. Diese Art von Make-up ist dem Theater, dem Zirkus und dem Karneval vorbehalten.

## Schlechte Körperhygiene

Ich glaube nicht, dass es nötig ist, dies näher zu erläutern. Egal ob Mann oder Frau, man sollte immer auf seine persönliche Hygiene achten. Ich meine, wer mag es schon, in der „Stunde der Wahrheit" schlecht zu riechen?

## Arroganz

"Es gibt einen schmalen Grat zwischen Selbstvertrauen und Arroganz. Man nennt sie Demut. Selbstvertrauen lächelt. Arroganz grinst."

Sei stolz darauf, wer Du bist und was Du erreicht hast, aber sei nicht abweisend gegenüber den anderen.

Nimm Dir die Zeit, dem anderen zuzuhören. Wenn eine Frau bei einem Date das Gespräch an sich reißt, ist das respektlos und daher unattraktiv.

*Wenn Du das Gespräch nicht leiten oder am Laufen halten kannst*

Eine starke, selbstbewusste Frau, die ein Gespräch führen kann, ist immer anziehend. Das ist vor allem ein Zeichen von Intelligenz.

Und wenn Du das Gespräch am Laufen halten kannst, bedeutet das für ihn, dass Du an ihm interessiert bist und dass das ganze Date keine Zeitverschwendung ist; dass zumindest eine vielversprechende Freundschaft daraus entstehen kann.

*Über deinen Ex lästern*

Es gibt zwar einige wenige Männer, die das ganz großartig finden, aber nicht alle mögen es, wenn deren Verabredung den Abend damit verbringt, über ihre Ex zu lästern.

Das führt nur dazu, dass du zeigst, wie Du immer noch von ihm besessen bist und möglicherweise noch nicht über den Ex hinweg bist.

Um sicherzustellen, dass die Verabredung nicht auf die schiefe Bahn gerät, solltest du das Thema einfach ganz vermeiden.

*Drama*

Über das Privatleben anderer Menschen zu sprechen, egal ob es sich dabei um Deine Freunde oder um Menschen handelt, die Du kaum kennst, ist kein ideales Gesprächsthema für ein Date. Genauso wenig wie das Gespräch über Dein eigenes persönliches Drama.

Vermeide es einfach, über "dramatische" Szenarien oder Klatsch und Tratsch zu sprechen, denn Du willst ja nicht als Drama-Queen oder als eine Person erscheinen, die in ihrem Leben eine Menge Dramen erlebt.

Männer sind dafür bekannt, dass sie Dramen meiden und hassen, und das ist für sie ein großer Abtörner.

*Zu anhänglich sein*

Ob sie dich nach dem ersten Date mögen oder nicht, kann nicht erzwungen werden und du hast keinen Einfluss darauf. Aber nicht zu anhänglich zu sein, könnte dir in dieser Situation helfen.

Schreib ihm nicht zu viele SMS und ruf ihn nicht ständig an. Du kannst und solltest in Kontakt bleiben, aber übertreibe es nicht.

*Schnell gereizt*

Das Letzte, was Du willst, ist, dass Deine Verabredung denkt, Du wärest respektlos und ohne Grund wütend.

Versuche, die Dinge ruhig anzugehen. Wenn Du während des Gesprächs in irgendeinem Punkt anderer Meinung sind als Dein Gegenüber, solltest Du das vorsichtig ansprechen, anstatt auszuflippen.

*Unaufmerksam und unfreundlich sein*

Ganz einfach: Sei Du selbst und sei nett. Sei nicht fordernd, denn Du willst ja nicht unhöflich wirken.

Sei nett zu ihnen und zu allen anderen. Männer mögen es sehr, wenn sie sehen, dass eine Frau wirklich nett ist, egal ob zu ihnen, einem Kellner oder einer Person, die sie gerade erst kennen gelernt haben.

## 4 - Dieser Mann ist tatsächlich verliebt

*Er wird dir zuhören*

Männer verhalten sich gegenüber den Menschen, die sie lieben, wie Kinder. Wenn sie sich für etwas oder jemanden, den sie lieben, begeistern, schenken sie ihm ihre volle Aufmerksamkeit. Wenn sie dich lieben, wird alles, was du sagst, für sie von Bedeutung sein.

Allerdings bedeutet Zuhören nicht unbedingt Verstehen. Ein Mann, der dich wirklich liebt, wird tatsächlich zuhören und deine Worte und Gedanken verstehen. Du wirst sehen, dass sich das auf seine täglichen Aktivitäten und Gesten auswirkt.

*Er wird mit dir streiten*

Streit bedeutet im Allgemeinen nicht, dass eine Beziehung zerrüttet ist. Jede Beziehung braucht Streit, um ihre wahre Stellung und Liebe zu finden. Wenn ein Mann Dich wirklich liebt, wird er mit Dir und für Dich kämpfen. Er hat seine Zeit und sein Herz in Dich investiert und stellt daher sicher, dass er jeden Riss, der zu Problemen zu führen droht, bespricht und beseitigt.

Diese Diskussionen sind ein Zeichen für eine gesunde Beziehung, und Ihr beide solltet versuchen, einen Mittelweg zu finden, um sie zu heilen.

*Er ist bereit, für Dein Glück Opfer zu bringen*

Dies könnte eines der wichtigsten Anzeichen dafür sein, dass ein Mann Dich wirklich vor alles andere stellt. Das zeigt seine Liebe und seinen Respekt für deine Gefühle.

Wenn er bereit ist, seine Pläne zu ändern, um etwas zu tun, das Du lieber magst als etwas, das er lieber mag, dann ist er ein treuer Partner. Damit zeigt er, dass er bereit ist, Dich und Deine Bedürfnisse über seine eigenen zu stellen.

*Er wird um Deine Liebe kämpfen*

Ein Mann, der in Dich verliebt ist, wird darum kämpfen, diese Liebe zu bewahren. Er fühlt sich glücklich, deine Liebe zu haben und sie auch zu zeigen. Dich zu verlieren, wäre für ihn der größte Schmerz. Deshalb tut er alles, was in seiner Macht steht, um das zu verhindern. Er wird dir in deinen besten und schlechtesten Zeiten zur Seite stehen.

*Er wird aufrichtig stolz auf deine Leistungen sein*

Wenn sie verliebt sind, wird Dein Mann Deine Leistungen als seine eigenen Leistungen ansehen. Der Stolz, den er für Dich empfindet, ist vergleichbar mit dem, den eine Mutter für ihr Kind empfindet.

In der Liebe gibt es keinen Wettbewerb, und deshalb wird er sich nie von Dir bedroht fühlen.

*Er wird dich auch an deinen schlimmsten Tagen schön finden*

Egal, ob du einen schlechten Tag hast oder Ausschlag bekommst, dein Mann wird sich nicht um das Aussehen kümmern, wenn er dich wirklich liebt. Er wird dich für die Person lieben, die du bist, und nicht für dein Aussehen. Oberflächlichkeit wird niemals die Grundlage seiner Liebe sein.

Für ihn wirst du immer schön aussehen, egal was passiert.

*Er kümmert sich um Deine Familie und Freunde in dem Maß, wie Du es auch tust*

Er wird verstehen, wie wichtig deine Familie und deine Freunde für dich sind und wird ihnen den gleichen Respekt entgegenbringen. Er wird sich die Zeit nehmen, Ihnen zuzuhören, wenn sie über Dich sprechen, und wird Dich auf Wunsch bei Besuchen begleiten.

Er wird deren Stellung in Deinem Leben anerkennen und respektieren und auf jede erdenkliche Weise dazu beitragen.

*Er wird keine Angst haben, seine Verletzlichkeit vor Dir zu zeigen*

Männer zeigen normalerweise nicht gerne ihre Verletzlichkeit, aber in Deiner Nähe wird er anders sein. Er wird sich nicht scheuen, dir seine verletzliche Seite zu zeigen und seine Ängste zu teilen.

Wenn nicht auch beileibe nicht alle, aber der Mann, der Dich liebt, wird die meisten dieser Eigenschaften zeigen. Du bist wertvoll für ihn, und er wird sich nicht scheuen, das zu zeigen.

## 5 - Ist Dein Mann ein Volltreffer?

Wir alle sind einem ständigen Zweifel ausgesetzt. Im 21. Jahrhundert gibt es keinen einzigen von uns, der eine Entscheidung trifft und damit zufrieden ist. Unabhängig davon, wie lange Ihr schon zusammen seid, ist es ganz natürlich, an der Qualität Eurer Romanze zu zweifeln. Auch wenn Ihr seit 7 Jahren zusammen seid, kann es vorkommen, dass Sie immer noch nicht von seinem Ja-Wort vor dem Traualtar überzeugt sein. Was ist also der Schlüssel, um zu verstehen, ob er "der Richtige" ist?

*Er unterstützt Dich in Deinen Bestrebungen*

Ein guter Partner wird immer das Beste für Dich wollen. Er sollte also der Erste sein, der bei Deiner Show, Aufführung, Veranstaltung – egal was auch immer - dabei ist, derjenige, der am lautesten von der Seitenlinie schreit. Er sollte die Macht und den Wunsch haben, Dir zu helfen, Dein wahres Potenzial zu erreichen.

*Hat er den Gelassenheits-Faktor*

Nach einem Tag mit unbarmherzigen Terminen in der Firma solltest Du nach Hause kommen und von einem Paar willkommener Arme empfangen werden. Wir alle haben eine beträchtliche Anzahl von Stürmen, die wir durchstehen müssen. Unser Partner sollte immer der rettende Hafen sein.

### Er bittet Sie weiterhin um ein Date

Das schönste Gefühl ist es zu wissen, dass Dein Partner immer noch in Dich verknallt ist. Es bedeutet, dass er Dich nicht als selbstverständlich ansieht und bereit ist, jeden Tag die Zeit und Energie zu investieren, um Dich für sich zu gewinnen.

### Er ist fleißig

Hingabe ist ein wichtiges Kriterium für die Anziehungskraft. Wenn Du jemanden heiratest, der ein Faulpelz ist, dann wird Dir die Faulheit irgendwann auf die Nerven gehen. Mit jemandem zusammenzuleben, der hingegen ein Draufgänger ist, spornt dich an, es im Leben besser zu machen.

### Er nimmt sich Zeit für Euch beide

Wir alle sind beruflich sehr eingespannt. Aber was ist das alles wert, wenn man nicht die Freiheit hat, Zeit mit seiner eigenen Familie zu verbringen? Auch wenn es wichtig ist, Geld zu verdienen oder mit der Boygroup abzuhängen, sollte er in der Lage sein, einen Teil seines täglichen Terminkalenders freizumachen und ihn nur für Dich zu reservieren.

*Er ist großartig zu seiner Mutter*

Denke immer daran, dass es bei Männern keine Verhaltensausnahmen gegenüber Frauen gibt. Wenn er seine Mutter oder Schwester ohne jeden Grund schrecklich behandelt, aber zu Ihnen nett ist, dann ist unschwer zu berechnen, dass das nicht von Dauer sein wird. Du wirst irgendwann an der gleichen Stelle wie Mutter oder Schwester enden.

*Er lobt dich oft*

Bestätigung fühlt sich gut an, besonders wenn sie von der Liebe deines Lebens kommt. Das zeigt, dass er sich wirklich um Dich kümmert, stolz auf Dich ist und dass Dein Leben für ihn wichtig ist. Es gibt nichts Schöneres, als einen Partner zu finden, der sich auch über die kleinsten Erfolge freuen kann.

*Er ist nicht egoistisch*

Das Zusammenleben in einer Ehe bedeutet, dass man fast alles teilen muss. Dazu gehören Nutella, Chips, Glück, Schmerz, Wut und alles andere. Du willst doch nicht bei einem narzisstischen Arschloch landen und Dein ganzes Leben mit endlosem Gelaber vom anderen Ende der Welt bestrafen.

*Er erinnert dich immer wieder an seine Liebe*

Ich bin mir sicher, dass Du diese Bestätigung nicht brauchst. Wenn Du jemanden heiratest, dann bin ich mir ziemlich sicher, dass Du bereits von seiner Liebe zu Dir weißt. Trotzdem tut es nicht weh, es zu sagen. Hole Dir einen Mann, bei dem das Herz jedes Mal höherschlägt, wenn er Dich sieht, und der sich nicht scheut, es laut zu sagen.

### Er stellt Dich in den Vordergrund

Dein Mann muss in erster Linie Dein bester Freund sein. Es ist zwar ungesund, sich zu wünschen, dass er sich rund um die Uhr um Deine Bedürfnisse kümmert, aber es ist ganz bezaubernd zu sehen, wie er Dich über andere Dinge stellt. Er sollte in der Lage sein, Dir das Gefühl zu geben, dass Du wertvoll und wichtig in seinem Leben bist.

### Er schmiedet spontane Pläne

Das ist wichtig, um die Beziehung gesund und glücklich zu halten. Ich hoffe, er bringt dir nach einem harten Tag oder einem unbarmherzigen Streit Blumen mit. Ich hoffe, er weckt dich mit einem Frühstück im Bett und geht mit dir in den besten Restaurants essen, wenn du dich schlecht fühlst.

### Er akzeptiert seine Fehler

Es ist so attraktiv, einen Mann, ohne seine toxische Männlichkeit zu finden. Dein Partner sollte in der Lage sein, sein Ego beiseitezuschieben und bereit sein, Probleme zu lösen. Ehen zerbrechen, weil die Partner auf ihrem Standpunkt beharren und nicht bereit sind, sich anzupassen. Solange beide in der Lage sind, Probleme anzusprechen und zu beheben, wird die Ehe wie ein Disney-Märchen sein.

## 6 – Alter Mann und junge Frau

Nun, Alter ist nur eine Zahl, richtig? Wir haben unzählige Männer gesehen, die mit jüngeren Frauen ausgehen und fanden das seltsam. Aber es ist weltweit akzeptiert.

Heutzutage sehen wir viel mehr Paare, bei denen die Frau 10 oder 15 Jahre jünger ist als der Mann. Die Menschen fragen sich oft, warum sich Frauen auf eine Beziehung mit einem viel älteren Mann einlassen, und sie fragen sich auch, warum Männer jüngere Frauen bevorzugen, und in solchen Fällen Frauen, die viel jünger sind als sie.

Es gibt mehrere Gründe für diese Wahl, von denen ich einige in diesem Artikel erläutern werden:

*Je jünger, desto besser*

Die Jugend hat ihren eigenen Charme und ihre starke Energie. Mit dem Alter macht der Körper eine Menge Veränderungen durch. Gelenkschmerzen, ein schlechter Rücken und wenig Energie sind alles Symptome des Alters, die das Sexualleben beeinträchtigen können. Bei jungen Frauen ist das nicht der Fall, und das zieht die

Männer an. Jüngere Frauen haben mehr Ausdauer und ältere Männer mögen das.

*Midlife-Crisis*

Für jemanden, der unsicher ist und in seinem Leben noch nicht viel erreicht hat, ist die Beziehung zu jüngeren Frauen eine Art Bestätigung. Sie werden bewundert und für würdig befunden, bedingungslos geliebt zu werden, während eine gleichaltrige Frau nach Erfolg und Stabilität strebt, was das Gefühl der Erfüllung bei Männern trüben kann.

*Die Schönheit der Jugend*

Leider hat die Gesellschaft einen festen Schönheitsstandard, der den natürlichen Elan des Alters ablehnt. Jüngere Frauen haben fittere Körper, die ältere Männer anziehen. Klingt brutal, oder? Sie sind auch offen für verschiedene Experimente, die ältere Frauen nicht zu erregen scheinen. Diese breitere Denkweise und Aufgeschlossenheit ist es, wonach alte Männer suchen.

*Sie sind nicht auf der Suche nach langfristigen Beziehungen*

Dies ist die harte Realität: Ältere Männer suchen keine ernsthaften Beziehungen, sondern eher Affären. Die jungen Frauen haben eine Menge anderer Möglichkeiten und können es sich leisten, schnell weiterzuziehen. Sie sind vielleicht nicht auf der Suche nach langfristigen Beziehungen, und das reizt ältere Männer. Diese Männer wollen nicht die Last der Verantwortung tragen, deshalb gehen sie mit jungen Frauen aus.

### Anonymität

Die verbotene Frucht schmeckt immer besser. Diese Beziehungen sind oft nicht öffentlich, weil die beteiligten Personen in unterschiedlichen sozialen Kreisen verkehren. Die Geheimhaltung ist ein großer Vorteil für ältere Männer, die ihr Verhalten verbergen wollen.

### Flexibilität

Jüngere Frauen sind offen für Experimente, und ihr Körper lässt das zu. Dies ist eine ideale Situation für ältere Männer, die ihre dunklen Fantasien ausleben wollen, was die älteren Frauen nicht tun würden. Die Möglichkeit, ihre perversen Wünsche in die Realität umzusetzen, erregt die älteren Männer.

### Wenig Arbeit

Junge Frauen sind mit kleinen Dingen zufrieden, die für ältere Frauen unbedeutend sein können. Männer, die dem Netz der Verantwortung entkommen wollen, entscheiden sich für jüngere Frauen. Sie machen weniger Arbeit und sind leichter zu handhaben. Dies ist einer der wichtigsten Faktoren.

*Geringerer Aufwand*

Jüngere Frauen erkunden Karrieremöglichkeiten und haben weniger Zeit. Emotionale Bindungen zu Männern haben für sie keine Priorität. Diese unbekümmerte Situation ist für beide Parteien geeignet und eignet sich perfekt für einen kurzen Seitensprung.

*Kontrolle*

Der ältere Mann ist erfahrener und setzt seine Präsenz durch. Er genießt es, das Sagen in der Beziehung zu haben, und die junge Frau ist in der Regel unterwürfig. Der ältere Mann will junge Frauen verfolgen und sie ein wenig dominieren.

*Sein Ego stillen*

Die älteren Männer suchen nach Bestätigung. Die Verabredung mit einer viel jüngeren Frau bringt ihn in eine Position der Autorität und schafft ein soziales Image. Für einige mag das ein Grund zum Gruseln sein, für andere ist es ein unausgesprochener Sieg. Die jüngere Frau möchte auch ihrem Mann gefallen, was genau das ist, was er sich wünscht.

*Geringere Chance, zurückgewiesen zu werden*

Junge Frauen bevorzugen in der Regel ältere Männer. Sie suchen vielleicht einen reifen und stabilen Mann, was die Ablehnungsquote senkt. Ältere Frauen hingegen können sein Ego herausfordern und ihn dazu bringen, sich abzuwenden.

*Sinn für Abenteuer*

Ältere Männer wünschen sich ein Leben voller Abenteuer und Nervenkitzel. Die Möglichkeit, neue Erfahrungen zu machen und Fantasien zu verwirklichen, treibt sie dazu, sich mit jungen Frauen zu treffen. Diese Frauen sind in der Regel voller Leben und Enthusiasmus, was den älteren Männern fehlt. Deshalb wollen sie genießen und erkunden.

## 7 – Das hört ER gern

Die Gesellschaft kann sehr erdrückend sein, denn sie zwingt uns manchmal zu der Annahme, dass wir unserem Geschlecht entsprechend in eine bestimmte Rolle schlüpfen müssen.

Männer müssen hart sein und die Welt retten, während Frauen weich und sanft sein und immer gerettet werden müssen. Frauen sollen sich um das Haus und die Kinder kümmern, während von Männern erwartet wird, dass sie arbeiten gehen, um ihre Familie zu ernähren. Frauen sollen emotional sein und immer Zuneigung zeigen, während Männer stoisch sein und ihre Gefühle nicht zeigen sollen. Frauen sollen sich von ihren Gefühlen leiten lassen, während Männer eher praktisch und rational denken.

Glücklicherweise hat sich unser Denken im Laufe der Jahre gewandelt, und immer mehr Menschen erkennen an, dass alle Geschlechter letztendlich Menschen sind und die Trennlinie zwischen diesen Rollen kaum noch zu erkennen ist.

Die Erwartungen der Männer an ihre Partnerinnen haben sich geändert. Im Folgenden findest Du einige der Dinge, die ein fortschrittlicher Mann in der heutigen Gesellschaft von seiner Partnerin hören möchte:

*Ihre Wertschätzung für ihn*

Idealerweise sollten die beiden Menschen in einer Beziehung ihr Bestes tun, um sich gegenseitig zu unterstützen. Wenn Dein Freund hilfreich und unterstützend ist, würde er sich freuen, wenn Du seine Hilfe anerkennen würdest. Lasse ihn wissen, dass Du seine Arbeit anerkennst, und er wird seinen eigenen Wert besser einschätzen können.

*Das Verständnis*

Das Leben kann manchmal hart sein, und wenn Dein Freund sich niedergeschlagen fühlt, weil etwas nicht funktioniert; kritisiere ihn nicht und halte ihm keine Vorträge über seine Fehler. Zeige Einfühlungsvermögen und lasse ihn wissen, dass Du verstehst, warum er sich Sorgen macht. Sei für ihn da, wenn er reden möchte, und versuche, ihm auf jede erdenkliche Weise zu helfen.

*Sein eigener Raum*

Wir alle genießen manchmal die Einsamkeit. Es hat nichts zu bedeuten, wenn ein Partner gerade deshalb etwas Zeit für sich haben möchte. Das Bedürfnis nach Zeit für sich selbst ist ein sehr menschliches Bedürfnis, denn es gibt Themen, die einfach zu kompliziert sind, um sie mit anderen zu besprechen. Lasse ihm seine Zeit und seinen Freiraum, wenn er ihn braucht.

*Es tut mir leid*

Fehler zu machen ist ganz natürlich, und niemand kann immer das Richtige tun. Manchmal schlagen wir um uns und verletzen Menschen, obwohl wir es nicht wollen. Wenn Du im Unrecht bist, entschuldige Dich aufrichtig, und er wird das Gleiche im Gegenzug tun.

*Gute Arbeit!*

Vom Aufräumen des Hauses und der Erledigung von Hausarbeiten bis hin zum beruflichen Aufstieg - Dein Partner freut sich, wenn Du ihm ein wohlverdientes Kompliment machst. Egal, wie alt jemand ist, er möchte immer, dass andere seine Erfolge anerkennen. Vergiss nicht, ihm zu sagen, dass Du stolz auf ihn bist.

*Kompliment für sein Aussehen*

Auch wenn er so tut, als wäre ihm sein Aussehen völlig egal, wird er trotzdem wissen wollen, dass Du Dich zu ihm hingezogen fühlst. Wenn Du ihm sagst, dass er sexy und heiß ist, wird ihn das ermutigen, sich mehr anzustrengen, um so zu sein.

*Mit deiner Clique abhängen*

Das ist etwas, das er besonders gerne hören würde. Du bist zwar ein wichtiger Teil seines Lebens, aber du kannst nicht die Rolle aller seiner engsten Freunde übernehmen. Es wird Zeiten geben, in denen er eine Auszeit braucht, um sich mit ihnen zu entspannen, vor allem, wenn Du selbst sehr beschäftigt bist.

*Dankbarkeit*

Zögere nie, Dich zu bedanken, auch nicht für die kleinen Dinge. Er wird sehen, dass Du die Mühe, die er sich macht, anerkennst, und Deine Wertschätzung für ihn wird seine Wertschätzung für Dich steigern.

*Sprich mit ihm über seine Ziele*

Männer planen ihr Leben gerne und oft. Ihre Ziele und Leidenschaften sind ihnen sehr wichtig, und sie werden es zu schätzen wissen, wenn Du Dir die Zeit nimmst, ihnen zuzuhören, wenn sie über ihre Träume sprechen.

*Du wirst gebraucht*

Wenn Du das zu ihm sagst, wird er praktisch erleuchtet sein. Menschen mögen es, wenn ihre Liebsten sie brauchen. Wenn er weiß, dass Du seine Ermutigung, Unterstützung und seinen Humor schätzt und brauchst, wird er sich glücklich und geliebt fühlen.

*Dass Du Vertrauen in ihn hast*

Indem Du ihm dies sagst, lässt Du ihn wissen, dass er die richtigen Entscheidungen trifft, dass seine Lebensstrategien funktionieren und dass er die Fähigkeit hat, auch Deine Träume zu verwirklichen. Deine Gedanken sind ihm wirklich wichtig, und es ist wichtig, dass Du ihm diese Dinge sagst.

## 8 – Ihre kleinen Lügen

Es ist so schwierig, den Anforderungen einer Beziehung ständig gerecht zu werden. Es erfordert Zeit, Hingabe und natürlich Liebe, damit die Romanze für immer lebendig bleibt. Und während wir versuchen, eine Beziehung und andere Dinge unter einen Hut zu bringen, kann es vorkommen, dass wir uns die eine oder andere Lüge einfallen lassen, um die Situation zu meistern.

Dabei handelt es sich nicht um giftige und bösartige Lügen, sondern einfach um situationsbedingte Lügen, um nicht in der Klemme zu sitzen. Wir alle haben das schon einmal getan. Und es gibt ein paar Beziehungen, in denen manche Menschen häufiger lügen als andere.

Es ist nichts Schlimmes, nur eine Erfindung von einigen Details. Aber ja, es ist nicht die ganze Wahrheit.

Wenn Sie nicht in diesem Netz von Lügen gefangen sein wollen, dann können Sie sich vielleicht mit dem vertraut machen, was auf Sie zukommen kann. Noch einmal: Denken Sie daran, dass, wenn Ihre Frau Ihnen diese Lügen erzählt hat, das nicht unbedingt bedeutet, dass sie Sie nicht liebt. Es könnte sein, dass sie im Moment einfach nur Ärger aus dem Weg geht und später zu sich kommen wird.

Lesen Sie also dieses Kapitel, um einfach zu beobachten und darüber nachzudenken, was die üblichen Lügen sind, die erzählt werden, und was die zugrunde liegende Wahrheit sein könnte.

*"Ich bin im Moment etwas beschäftigt"*

Ja, wir alle sind manchmal beschäftigt. Aber wenn das zu häufig vorkommt, kann es ein Zeichen dafür sein, dass sie sich keine Zeit für Sie nehmen will. Sie ist zwar nicht in der Lage, Sie rundheraus abzulehnen, aber sie sagt Ihnen, dass Sie Ihre Zeit anderweitig investieren müssen.

*"Ich bin im Moment erschöpft"*

Es war ein wirklich langer Tag für Sie und das Einzige, was Sie tun möchten, ist mit ihr zu kuscheln. Aber sie stößt Sie weg und sagt, dass sie heute Abend nicht in der Stimmung dafür ist. Es stimmt, vielleicht ist sie nicht in der Stimmung dafür, aber sind wir sicher, dass es nur für heute Abend ist?

*"Ich habe keine SMS von dir bekommen"*

Wenn Sie die Art von Mann sind, die Aggression zeigt, dann werden Frauen Gespräche vermeiden, indem sie vorgeben, Ihre SMS nie erhalten zu haben. Es ist unmöglich, dass keine deiner SMS sie erreicht hat. Haben Sie es jetzt verstanden?

*"Meine Krämpfe sind wieder da"*

Ein Mann kann die weibliche Anatomie nicht kennen, und er sollte es auch nicht versuchen, denn sie kann sehr verwirrend sein. Frauen nutzen diese Verwirrung zu ihrem Vorteil, um sich zu entschuldigen, wann und wie es ihnen beliebt. Männer wagen nicht zu protestieren.

*"Mein PMS ist der Grund für meine Stimmungsschwankungen"*

Es gibt Zeiten, in denen eine Frau ihren Partner mit seltsamem und unberechenbarem Verhalten überfällt. Die Hormone sind in solchen Situationen die beste Fluchtmöglichkeit. Ungerechtfertigte Wut ist natürlich keine Entschuldigung, aber sie wird manchmal benutzt, um einen leichten Kampf zu gewinnen.

*"Mein Nagellack ist frisch"*

Warum nicht die Mode als Ausrede benutzen, um nicht ans Telefon oder an die Tür zu gehen? Was soll's, wenn die Nägel schon lange trocken sind, dann kann man das als Ausrede benutzen, um sich manchmal zurückzulehnen und zu entspannen.

*"Ich muss jetzt wirklich mit meiner besten Freundin zusammen sein"*

Wenn die beste Freundin anruft, dann bedeutet das, dass man nirgendwo gebraucht wird. Es wird ein reiner Mädelsabend werden. Natürlich macht die Freundin Ihrer Partnerin gerade eine schwere Zeit durch, und natürlich muss sie in diesem Moment bei ihr sein. Also sagen Sie besser nichts dazu.

*"Ich bin an einem sehr wichtigen Punkt in meiner Karriere"*

Die Karriere ist immer wichtiger, und wenn sie das als Mittel benutzt, um von Ihnen wegzukommen, dann sollten Sie wissen, dass das eine höfliche Absage ist. Bald werden Sie sie mit jemand anderem sehen. Die Karriere wird trotzdem weitergehen, so wie bisher.

*"Wir wollen beide unterschiedliche Dinge von unserem Leben"*

Vielleicht hat sie etwas zu spät gemerkt, dass sie nicht wirklich an Ihnen interessiert ist, und sie will auch nicht, dass Sie sich deswegen schlecht fühlen. Die Verwendung von Lebenszielen ist ein sanfter Weg, den sie eingeschlagen hat, um die Beziehung abzubrechen.

*"Ich kann jetzt keine Verpflichtung eingehen"*

Sie ist bereit, eine Beziehung einzugehen, nur nicht mit Ihnen.

Seien Sie achtsam bei diesen Ausreden und sprechen Sie mit ihr, wenn Sie eine dieser Ausreden über einen längeren Zeitraum beobachten. Alles Gute, Jungs!

# 9 – Seine kleinen Lügen

„Lassen Sie uns eine Sache von Anfang an klarstellen: Männer sind scheiße. Ja, ich habe es gesagt. Alle Männer, so jetzt habe ich es gesagt!" So fing einmal ein Roman an, dessen Autorin ihren Frust über die gesamte Männerwelt loswerden wollte.

Sie belegt dann wissenschaftlich, woher sie die Frechheit genommen hatte, so etwas Kühnes und Kontroverses zu sagen? Antwort: Die Evolution.

Seit den Anfängen der Menschheit, als unsere ersten Vorfahren in ihren Höhlen rührten und ihre Feuersteinwerkzeuge schärften, gab es ein bestimmtes Familienmuster, dem sie folgten.

Männer mussten ungeduldig, flink und wachsam sein. Sie mussten auch promiskuitiv sein. Andernfalls würden potenzielle Partner im Alter der Fortpflanzung einfach von jemand anderem genommen werden. Außerdem hatte die Natur ihnen das Bedürfnis eingepflanzt, so viel wie möglich von ihrem Genpool zu verbreiten, und zwar so weit wie möglich.

Das war natürlich in der Vorgeschichte, und die Menschheit hat einen weiten Weg zurückgelegt. Aber diese Art der biologischen Verankerung lässt sich nicht so einfach auflösen. Es ist zum Beispiel bekannt, dass Frauen immer noch in der Lage sind, mehr Farbtöne voneinander zu unterscheiden als Männer. Das liegt daran, dass Frauen in dieser Evolutionsphase Sammlerinnen waren und die feinen Farbabstufungen kennen mussten, die oft Essbares von Giftigem unterschieden.

Die Männer haben also die Kunst des Lügens von diesem Paarungstrieb geerbt, und zwar kontinuierlich. In Verbindung mit ihrem Leben als Unternehmer und Konkurrenten, in dem sie keine andere Wahl haben, als hartherzig und zielstrebig zu werden, sitzen die Männer wirklich in der Klemme (nein, mit dieser Aussage will ich definitiv nicht die Jahre des Patriarchats reinwaschen).

Beziehungen zu ihnen beginnen und bestehen fast immer aus Lügen. Hier sind die am häufigsten verwendeten:


*"Ich schreibe dir morgen eine SMS oder rufe dich an".*

Ah, das Versprechen, sich zu erinnern. Nee, das passiert einfach nicht. Das ist wahrscheinlich der größte Angstauslöser, den man nach einem ersten Date hören kann. Und das liegt daran, dass man es wirklich nicht weiß. Er könnte, wenn er ein anständiger Mensch ist, Ihnen sagen, dass er Sie mag - oder vielleicht auch nicht. Das ist seine Entscheidung. Was diese Aussage so hinterhältig macht, ist ihre Zweideutigkeit.


*"Was war so besonders an ihr?"*

Natürlich war da etwas Besonderes an der EX, und er hat genau dann an sie gedacht, als du die Frage gestellt hast, und jetzt muss er seine wahren Gefühle verbergen, um "cool" zu sein. Denn er ist ein Mann.

## "Du bist die Einzige"

Nein, du bist diejenige, die heute Nacht wach und frei ist, also ja, auf diese Weise bist du die Einzige.

## "Mir geht's gut"

Tut es nicht! Dank der toxischen Marke männlicher Männlichkeit, die von der Gesellschaft kultiviert wird, müssen sie eine Fassade der Zähigkeit und Stärke aufbauen, obwohl sie von Sorgen, Versagen, Problemen und was auch immer erdrückt werden. Selbst wenn es ihnen nicht gut geht, werden sie immer behaupten, dass es ihnen gut geht.

## "Ich bin auf dem Weg"

Nein. Er ist gerade aufgewacht und putzt sich die Zähne. Er wird sich absichtlich verspäten, weil er nicht will, dass Du denkst, er hätte sich auf Dich gefreut und dass Du ihm etwas bedeutest.

## "Es wird nicht wieder vorkommen"

Wenn er ein Fickjunge ist, wird es ganz sicher wieder passieren. Wenn er ein anständiger Mensch ist, besteht eine geringe Chance, dass es trotzdem passiert; er meint es vielleicht nicht so, aber es könnte passieren.


*"Du bist meine erste Liebe"*

Echt jetzt? Nein.

Er sagt das nur, um 1. in absehbarer Zeit jedes Mal, wenn er will, in deinen Schlüpfer zu kommen oder 2. Weil er anhänglich ist, da er sein Selbstwertgefühl an den Frauen misst, mit denen er zusammen war. Wenn das zweite Szenario zutrifft, bist du eine der besten, die er je hatte.


*"Ich werde dieses Wochenende beschäftigt sein"*

Nein. Er hat wahrscheinlich eine neue Verabredung zu planen oder schlimmer noch, er wird in seine Männerhöhle oder Kneipe gehen und mit seinen "Kumpels" abhängen. Sie sind schlimmer als ein Nähkränzchen, wenn sie ihre Brüder-aus-anderen-Müttern treffen.


*"Du bist das schönste Mädchen, das ich je gesehen habe"*

Nee. Er zitiert nur das Einzige, woran er sich aus dem letzten Märchen, das er aus einem Buch gelesen hat, erinnert; er tut das,

weil er der Meinung ist, dass der Prinz, der charmant ist, am Ende
die Braut bekommt.


*"Du kennst alle meine Geheimnisse"*

Nein. Du kennst sie nicht. Und das wirst du wahrscheinlich auch
nie tun, in guten wie in schlechten Zeiten.

## 10 – Körpersprache, erkenne die Signale

Kommunikation ist der Schlüssel zur menschlichen Gesellschaft. Wir haben uns als Spezies entwickelt und die Fähigkeit erlangt, auf komplexe und doch effektive Weise zu kommunizieren.

Der technologische Fortschritt hat nun zu einer Welt geführt, in der wir mehr als eine Methode zur Kommunikation haben, und alle sind einfacher und schneller als die älteren Methoden.

Leider hat dies zu einem Rückgang eines grundlegenden Bedürfnisses geführt - der Kommunikation von Angesicht zu Angesicht. Warum sich treffen, wenn man auch eine SMS schreiben kann, oder?

Doch trotz des technischen Fortschritts im Kommunikationsbereich legen die Menschen immer noch viel Wert auf persönliche Gespräche. Der Grund dafür ist: Die Körpersprache.

Wer hat sich nicht schon selbst dabei erwischt, wie er am Telefon gestikuliert oder Grimassen zieht, die der andere Gesprächsteilnehmer gar nicht sehen kann, aber Mimik, Gestik und Körpersprache sind fester Bestandteil unserer Bemühungen, besser verstanden zu werden.

Die Körpersprache ist ein eigener und gut entwickelter Bereich. Sie wurde von Menschen auf der ganzen Welt ausgiebig studiert, denn ihre Feinheiten verbergen unsere tiefsten Charakterzüge und Verhaltensmuster.

Wissen Sie, wie Sie die Körpersprache verstehen können? Wissen Sie, wann Ihr "Körper" Sie verrät, wenn Sie etwas sagen, es aber nicht so meinen? Können Sie diese Zeichen bei anderen unterscheiden, während Sie sich unterhalten?
Es ist interessant festzustellen, dass, wenn eine Person etwas sagt, diese Information auf diese Weise verarbeitet und verstanden werden kann:

*10% von dem, was die Person tatsächlich gesagt hat*
*40% aus dem Tonfall und der Geschwindigkeit der Stimme*

*50% aus der Körpersprache der Person*


**Unsere Kopfhaltung**

- Das Senken des Kopfes während eines Gesprächs könnte bedeuten, dass es der Person an Selbstvertrauen fehlt. Wenn eine Person den Kopf senkt, selbst wenn sie ein Kompliment erhält, zeigt dies ihre schüchterne/scheue Natur.

- Wenn eine Person ständig ihr Ohr berührt oder zupft, könnte das ein Hinweis auf Unentschlossenheit sein.

- Ein aufrichtiges Lächeln würde sowohl die Augen als auch das Gesicht erhellen. Es beschränkt sich nicht nur auf den Mund.

- Ein falsches Lächeln würde sich, wie oben erwähnt, nur auf den Lippen zeigen.

- Das Neigen des Kopfes während eines Gesprächs symbolisiert das Interesse einer Person an dem Gespräch.

- Ein übermäßig geneigter Kopf ist ein Zeichen von Sympathie.

- Bei einer negativen Bewertung schließt man normalerweise die Augen und kneift den Nasenrücken zusammen.

- Ein weiteres deutliches Zeichen für die Aufmerksamkeit eines Zuhörers ist ein Nicken; es zeigt, dass er an dem Gesagten interessiert ist.

- Im Zweifelsfall oder bei Ablehnung einer Idee berührt oder reibt man sich die Nase.

- Das Kinn herauszustrecken ist ein Zeichen von Trotz.

- Wenn man nachdenkt, stützt man oft die Wange auf eine der Hände.

**Der Oberkörper**

- Kraft und Mut werden oft durch Zurückschieben der Schultern angezeigt.

- Menschen, die bereit sind, mit anderen zu sprechen und sich wohlfühlen, wenn man sie anspricht, halten ihre Arme offen.

- Eine Person, die unzufrieden ist oder sich vor den anderen verbarrikadieren will, hält die Arme verschränkt.

- Das Verschränken der Arme hinter dem Nacken zeigt, dass die Person offen für das Gespräch ist und aufmerksam zuhört.

- Wenn eine Person mit den Fingern zeigt, ist das ein Zeichen für Aggression oder Durchsetzungsvermögen.

- Das Berühren der Vorderseite des Nackens zeigt, dass die Person an einem Thema interessiert ist und sich dafür interessiert.

- Wenn die Handbewegungen während eines Gesprächs nach oben und nach außen gerichtet bleiben, deutet dies auf ein positives und offenes Verhalten und eine positive Mentalität hin.

- Verschränkte Finger oder zusammengedrückte Fingerspitzen zeigen, dass eine Person möglicherweise nachdenkt oder bewertet.

- Eine Person, die ihre Hände in die Hüften stemmt, könnte ein Zeichen für Bereitschaft, Eifer oder sogar Aggression sein.

- Wenn die Hüften nach vorne geschoben werden, während sich der Oberkörper nach hinten lehnt, zeigt dies, dass sich eine Person stark fühlt. Es könnte sich aber auch um eine anzügliche Geste handeln.

- Steht man mit weit gespreizten Beinen, also mit einem breiten Stand, zeigt dies, dass man kraftvoll und dominant ist.

- Wenn eine Person mit gespreizten Beinen sitzt, zeigt dies, dass sie sich in ihrer Umgebung wohl fühlt.

- Das "Viererkreuz" ist eine selbstbewusste und kraftvolle Haltung. Dabei liegt ein Knöchel auf dem Knie des anderen Beins und das obere Bein zeigt zur Seite.

- Wenn eine Person mit den Beinen wippt, während sie gekreuzt ist, zeigt das, dass sie sich langweilt.

**Unsere Augen**

- Angst, Schuldgefühle oder Unterwerfung lassen sich leicht durch das Senken der Augen vermitteln.

- Wenn Sie Ihrem Gesprächspartner nicht in die Augen schauen, zeigt das Ihr mangelndes Vertrauen oder Ihre Besorgnis.

- Wenn man versteht, was gesagt wird oder was vor sich geht, neigen Menschen dazu, die Augenbrauen zu senken oder zu schielen.

- Weit aufgerissene Augen zeigen das Interesse einer Person an einem Gespräch.

- Ein Mensch blinzelt schnell, wenn er/sie nervös ist oder versucht, jemanden einzuschätzen.

- Ein häufiges Anzeichen für Irritation ist, wenn eine Person während eines Gesprächs schnell zur Seite blickt.

- Wenn man versucht, sich an etwas zu erinnern, neigt man dazu, nach oben und nach rechts zu schauen.

- Eine Person, die tief nachdenkt, blickt eher direkt nach oben.

- Wenn sich eine Person beleidigt fühlt, bricht sie den Blickkontakt ab.

## 11 - Ein paar Gedanken zur Partnerschaft

Den größten Fehler, den wir Männer in einer Beziehung machen ist, wir sind nie zufrieden mit der Frau, die wir erobert haben. Du hast die eine Frau, die dich so liebt wie du bist, sie weint um dich, sie ist für dich da ob in Guten oder schlechten Zeiten. Sie weint vor dem Schlafen gehen, wenn ihr euch gestritten habt, egal wie wenig Geld sie hat, an Geburtstagen versucht sie dir den schönsten Tag zu machen und egal wie leer der Kühlschrank ist, sie zaubert dir ein Essen. Du spürst, wie sehr sie dich liebt.

Und obwohl du scheinbar alles hast, lässt du dich verführen. Da kommt eine Stimme in deinem Kopf, "Ach die liebt dich so sehr, die wird es eh nicht checken, wenn du dies oder das machst." So gehen wir auf Partys, gucken uns andere knapp angezogene Frauen an, die vielleicht einen schöneren Körper haben als deine Freundin, und wir fangen an zu zweifeln. Wir lassen uns manipulieren, wir betrinken uns und flirten mit Frauen, die der unseren niemals das Wasser reichen könnten.

Wir lassen uns manipulieren auf Facebook von schönen Profilbildern anderer Frauen, lassen uns Manipulieren von Single Freunden die uns einreden "Ach es kommen noch bessere, lass uns erst mal Leben genießen". Deine Freundin findet es heraus. Sie schreit dich an, verflucht dich, anstatt dich zu bessern, hältst du dich für den King, auf den die Frauenwelt nur gewartet hat, du verlässt sie, weil du dir in deinem von der Gesellschaft manipuliertem Kopf denkst:

"Ich lerne eh eine Bessere kennen, bin noch jung und hab alle Zeit der Welt. Ich scheiß auf sie."

Du hast mehrere Monate deinen Spaß, vielleicht Jahre. Doch an deinem Geburtstag: wo ist der Anruf, der dir sagt "Ich liebe dich, habe einen schönen Tag mein Schatz." Wo ist die Frau, die an schlechten Tagen bei dir war, als niemand Zeit hatte? Wo ist jetzt die Frau, die das in sich trug, was du nirgends mehr findest? Wo ist die Frau, die dir einfach so was zu essen in die Arbeit gebracht hat?? Wo ist die Frau, die dir den Rücken freigehalten hat, als alles um dich herum zerbrach?

Denkst du, das macht irgendeine von den Frauen, die dich von einem "100-Prozent-gefällt-mir-Profilbild" anlächelt" für dich? Wo sind die Anrufe, wenn es dir schlecht ging: "Schatz soll ich dir was vorbeibringen? Alles gut bei dir?" Denkst du, das macht eine von denen die du auf den Dating-Apps kennenlernst? Für diese Menschen bist du nur eine flüchtige Bekanntschaft, nur ein Gesicht mehr, das ihnen im schnelllebigen Internet begegnet.

Du hast Probleme und Sorgen mit wem willst du reden? Den schönen Profilbildern und den Flirts aus den Clubs sind du und deine Probleme egal, deiner Frau warst du niemals egal.

Männer lasst euch nicht "verführen" von Frauen, die nicht mal den Schatten eurer Frau wert sind, lass euch nicht von Single-Freunden manipulieren, die nicht wissen können, wie wundervoll deine Frau ist.

Vergiss nicht, den Diamanten, von dem du gerade deinen Blick abwendest, um wertlosen Steinen hinterher zu gaffen, er könnte der letzte sein der dir in deinem Leben in die Hände gelegt wird.

Pass auf ihn auf...

*Es kann allerdings auch so kommen:*

Robert Betz „Der Biker"

"Ich war männlich, verwegen, ich war frei und hatte lange Haare.

Meine Frau lernte mich kennen, nicht umgekehrt, sie stellte mir förmlich nach. Egal wo ich hinkam, sie war schon da. Es ist nun zwölf Jahre her.

Damals war ich eingefleischter Motorradfahrer, trug nur schwarze Sweatshirts, ausgefranste Jeans und Biker Stiefel, und ich trug lange Haare. Selbstverständlich hatte ich auch ein Outfit für besondere Anlässe. Dann trug ich ein schwarzes Sweatshirt, ausgefranste Jeans und weiße Turnschuhe.

Hausarbeit war ein Übel, dem ich wann immer es möglich war aus dem Weg ging. Aber ich mochte mich und mein Leben. So also lernte sie mich kennen.

"Du bist mein Traummann. Du bist so männlich, so verwegen und so frei."

Mit der Freiheit war es alsbald vorbei, da wir beschlossen zu heiraten. Warum auch nicht, ich war männlich verwegen, fast frei und ich hatte lange Haare. Allerdings nur bis zur Hochzeit. Kurz vorher hörte ich sie sagen: "Du könntest wenigstens zum Frisör gehen, schließlich kommen meine Eltern zur Trauung." Stunden, - nein Tage später und endlose Tränen weiter gab ich nach und ließ mir eine modische Kurzhaarfrisur verpassen, denn schließlich liebte ich sie, und was soll`s, ich war männlich, verwegen, fast frei und es zog auf meinem Kopf. Und ich war so lieb. "Schatz ich liebe Dich so wie Du bist" hauchte sie.

Das Leben war in Ordnung, obwohl es auf dem Kopf etwas kühl war. Es folgten Wochen friedlichen Zusammenseins, bis meine Frau eines Tages mit einer großen Tüte unterm Arm vor mir stand. Sie holte ein Hemd, einen Pullunder (bei dem Wort läuft es mir schon eiskalt den Rücken runter) und eine neue Hose hervor und sagte: "Probiere das bitte mal an." Tage, Wochen, nein Monate und endlose Papiertaschentücher weiter gab ich nach und trug Hemden, Pullunder ( Ärrrgh) und Stoffhosen. Es folgten schwarze Schuhe, Sakkos, Krawatten und Designermäntel. Aber ich war männlich, verwegen, totschick und es zog auf meinem Kopf.

Dann folgte der größte Kampf. Der Kampf ums Motorrad. Allerdings dauerte er nicht sehr lange, denn im schwarzen Anzug, der ständig kneift und zwickt, lässt es sich nicht sehr gut kämpfen. Außerdem drückten die Lackschuhe, was mich auch mürbe machte. Aber was soll`s, ich war männlich, spießig, fast frei, ich fuhr einen Kombi, und es zog auf meinem Kopf.

Mit den Jahren folgten viele Kämpfe, die ich allesamt in einem Meer von Tränen verlor. Ich spülte, bügelte, kaufte ein, lernte deutsche Schlager auswendig, trank lieblichen Rotwein und ging sonntags spazieren. Was soll`s dachte ich, ich war ein Weichei, gefangen, fühlte mich scheiße und es zog auf dem Kopf.

Eines schönen Tages stand meine Frau mit gepackten Koffern vor mir und sagte: "Ich verlasse Dich." Völlig erstaunt fragte ich sie nach dem Grund.

"Ich liebe Dich nicht mehr, denn Du hast Dich so verändert. Du bist nicht mehr der Mann, den ich mal kennen gelernt habe." Vor kurzem traf ich sie wieder.

Ihr "Neuer" ist ein langhaariger Biker mit zerrissenen Jeans und Tätowierungen, der mich mitleidig ansah."

Ich glaube ich werde ihm eine Mütze schicken.

# 12 – Achtung Narzisst

Beziehungen sind an sich schon schwierig zu handhaben, aber die Menschen halten trotzdem an ihnen fest, denn hey, es ist nur ein Leben, man hat nur eine Chance - und wer möchte diese Reise nicht mit jemandem verbringen, der ihm Frieden, Liebe, Zuneigung und Fürsorge gibt?

Aber nicht alle Liebesgeschichten sind Rosenbetten, und manchmal fällt man einfach auf Menschen herein, die böse sind - ob sie es wissen oder absichtlich tun oder nicht. Diese Täter können Ihre geistige Gesundheit und Ihr Leben zerstören und Sie unwiederbringlich entstellen. Gott bewahre Sie davor, diesen beiden Typen jemals über den Weg zu laufen. Und um welche Typen handelt es sich?

*Die Antwort: Narzissten und Soziopathen.*

Während Soziopathen insofern sicherer sind, als ihr Verhalten Ihnen von Anfang an seltsam erscheinen wird, ist das bei Narzissten nicht der Fall. Sie gestalten ihren Lebensstil so, dass sie sich als äußerst attraktive, charmante Menschen präsentieren, die alles besser machen. In Wirklichkeit ernähren sie sich von Ihrem

Seelenfrieden - sie leben davon, wie sehr sie Sie runtermachen können. Das alles ist Teil ihres großen Plans der Selbstanbetung.

Sie müssen angeheizt werden, indem sie ahnungslose Menschen emotional manipulieren, damit sie sie anbeten. Dies erreichen sie durch verschiedene Verhaltensmuster.

*Hinweis: Ich spreche hier von der "grandiosen" Form des Narzissmus und nicht von der "verletzlichen" Form.*

Hier sind 7 Arten von Mustern, die Narzissten bei ihrem Spiel der Herabsetzung von Menschen anwenden.

*Das "Gaslighting"*

Dies ist ein klassisches narzisstisches Partnerverhalten. Es ist das, was man sprichwörtlich "im Handumdrehen den Tag zur Nacht machen" nennt. Zur Veranschaulichung ein Beispiel: Nehmen wir an, Sie sprechen Ihren Partner auf etwas an. Sagen wir, Sie kommen von einer Party zurück und sagen ihm, dass es nicht geschmackvoll war, wie er sich gegenüber Ihren Kollegen verhalten hat. Wenn Ihr Partner ein Narzisst ist, würde er die Situation völlig umdrehen und Sie beschuldigen, verrückt zu sein, da er sich nicht daran erinnern kann, sich gegenüber Ihren Kollegen seltsam verhalten zu haben. Das geht so lange, bis Sie denken, Sie hätten den Verstand verloren.

*Der Rückzieher*

Für grandiose Narzissten ist ihr Image alles. Ob Sie nun Komplimente, Lob oder Kritik und Hass bekommen, Sie werden sehen, dass sie danach gieren. Sie sind die Menschen, die Sie auf den Online-Plattformen finden, auf denen Sie anderen Menschen anonymes Feedback geben können; sie sehnen sich einfach nach Aufmerksamkeit und Bestätigung. Wenn Sie sich also aus dem Griff eines ihrer Verwandten befreit haben, werden sie immer noch versuchen, Sie auf irgendeine Weise zu provozieren, um eine Reaktion von Ihnen zu erhalten. Das kann vom Anrufen und Weinen über das Anrufen und Beleidigen bis hin zu einfachem Gerede hinter Ihrem Rücken reichen.

*Verlassenheit*

Ironischerweise sind Narzissten am schlimmsten, wenn es ums Zuhören geht. Sie können die Tatsache, dass man manchmal etwas geben muss, um etwas zurückzubekommen, einfach nicht verarbeiten. Sobald sie Sie so fertig gemacht haben, dass sie Sie nicht mehr gebrauchen können, werden sie Sie aufgeben. Es wird plötzlich und brutal sein; meistens werden sie Sie betrügen und/oder Sie vor Leuten demütigen, vor denen sie es nicht tun sollten. Sie werden nicht aufhören, bis sie Sie zerstört haben.

*Das Chamäleon*

Haben Sie schon einmal vom machiavellistischen Bösewicht gehört? Der alles tut, um sich zu nehmen, was er will, und sich dann aus dem Staub zu machen? Narzissten weisen machiavellistische Eigenschaften wie aus dem Lehrbuch auf, und auch sie werden alles tun, um Sie in ihrem Netz der Manipulation zu halten. Solange sie ein Opfer haben, von dem sie sich ernähren können, ist das Leben für sie in Ordnung.

*Der Mitleidssuchende*

Das kennen wir alle: der eine Typ, der immer sagt, er habe das schlimmste Leben aller Zeiten gehabt, und der versucht, Frauen auf der Grundlage dieser Behauptung zu manipulieren. Mitleid ist ein ziemlich starkes Gefühl, da es der Empathie ziemlich nahekommt. Man möchte der anderen Person helfen, aber was ist, wenn die andere Person ihre Narbe wie ein Schlacht-Tattoo trägt und sie benutzt, um sicherzustellen, dass man jedes Mal den Kürzeren zieht? Das ist es nicht wert.

*Das Ausschnüffeln*

Erinnern Sie sich noch daran, wie nett, höflich, naiv und gesund Sie vor Ihrer zerstörerischen Beziehung waren? Das liegt wahrscheinlich daran, dass Sie in einen Narzissten verliebt sind, der Sie als nette, hilfsbereite und folglich emotional schwache und leichtgläubige Person aufgespürt hat. Sie sind emotional räuberisch, wenn es so etwas gibt, im wahrsten Sinne des Wortes.

*Die intensive Person*

Sie werden Sie mit Liebe und Zuneigung überschütten. So sehr, dass es Sie in einen mentalen Zustand versetzt, in dem Sie glauben, dass sie die netteste und liebevollste Person darstellen, die Sie je in Ihrem Leben getroffen haben. Aber denken Sie daran, es ist eine Falle.

## 13 – So manipulieren Narzissten Dich

Jemanden mit allem zu lieben, was man zu geben hat, ist die schönste Sache der Welt, aber nicht, wenn es sich um jemanden handelt, der nicht einmal einen Bruchteil davon zurückgeben wird.

Lies weiter, um sieben Dinge zu erfahren, die ein Narzisst Dir in einer Beziehung auf jeden Fall antun wird:

*Er wird Dich verändern*

Wenn Du aus der Beziehung herauskommst, wirst Du feststellen, dass du dich als Person völlig verändert hast, aber nicht auf eine gute Weise. Du wirst feststellen, dass Du Dein Selbstwertgefühl und Deine Identität oder den Glauben daran, dass auch Du Liebe verdienst, verloren hast. Du warst so sehr damit beschäftigt, so zu sein, wie er Dich haben wollte, dass Du jetzt nicht mehr weißt, wer Du einmal warst, bevor er Dich so verändert hat, dass Du seinen eigenen Bedürfnissen entsprachst. Wenn Du da wieder herauskommst, wirst Du völlig gebrochen sein und Deine Identität verloren haben. Versuche also, rechtzeitig aus dieser Art von Beziehung auszusteigen, bevor es zu spät ist.

*Er wird Dein Vertrauen gewinnen*

Narzissten sind charmant wie eh und je. Es dauert nicht lange, bis sie das Vertrauen anderer Menschen gewinnen und ihnen das Gefühl geben, dass sie sich in ihrer Nähe sicher fühlen und sich so richtig austoben können. Er wird Dein Vertrauen gewinnen, und wenn Du ihn einweihst und ihm all Deine Geheimnisse erzählst, wird es nicht lange dauern, bis er sie benutzt, um Dich zu erpressen und Dich so zu verwickeln, dass Du gar nicht mehr gehen kannst. Ihre erste Aufgabe ist es, Dein Vertrauen zu gewinnen, und wenn das geschafft ist, können sie leicht anfangen, Dich zu manipulieren. Sei vorsichtig, damit das nicht passiert.

*Er wird Dir sagen, dass er Dich liebt*

Ein Narzisst sagt die Worte "Ich liebe dich" nur, um sie zurückzubekommen, weil er das Bedürfnis hat, geliebt und verehrt zu werden. Wenn ein Narzisst diese drei Worte sagt, hat das nichts mit dem zu tun, was diese Worte eigentlich bedeuten sollen. Er sagt sie, um sie zu erwidern und Dich dazu zu bringen, ihn zu lieben, ihn zu wollen und ihn anzubeten. Narzissten ernähren sich von dieser Lähmung der Liebe. Wenn ein Narzisst sagt "Ich liebe dich", haben diese drei Worte eine völlig andere Bedeutung.

*Er wird Dich isolieren*

Narzissten sind äußerst intelligent und wissen immer, dass Menschen aus Deinem Umfeld, die Du liebst, ihre wahre Natur und ihre Absichten vor Dir erkennen werden; deshalb werden sie jeden aus Deinem Leben ausschließen, um sicherzustellen, dass sich ihre

Welt nur um sie dreht. Er erkennt auch, dass Du stärker bist und den gesunden Menschenverstand und die Kraft hast, Dich von seiner Giftigkeit zu lösen, weshalb er immer dafür sorgen wird, dass er alles ist, was Du hast. Er wird Dich von Menschen fernhalten, die Du wirklich liebst, damit er Dein Selbstbewusstsein Stück für Stück brechen kann, um sicherzustellen, dass es in der Beziehung nur ihn gibt.

*Er wird Dir eine Falle stellen*

Er wird Dich in eine Falle locken, die Dir das Gefühl gibt, dass Du nie wieder Liebe finden wirst. Er wird seine Manipulationskünste einsetzen, um Dich dazu zu bringen, sich in ihn zu verlieben und eine Bindung einzugehen, von der Du Dich nicht mehr lösen können. Er wird Dich dazu bringen, ihn einzulassen, und wenn er erst einmal drin ist, wird er Dich von innen herausbrechen und dafür sorgen, dass Du niemanden mehr hast, zu dem Du gehen können, außer ihm. Er wird Dich in einem Gewirr aus Lügen und Betrug gefangen halten.

*Er wird Dich zerstören*

Wenn Du nicht in der Lage bist, Dich aus eigener Kraft aus der Beziehung zu befreien, wird er Dich, ohne zu zögern im Stich lassen. Wenn er merkt, dass er alles aus Dir herausgeholt hat, was er konnte, und Du nichts mehr hast, um es ihm zu geben, weil er Dich dazu gebracht hat, alles herzugeben, wird er Dich fallen lassen. Wenn er Dich dann verlässt, wirst Du feststellen, dass Du keinen Sinn mehr für irgendetwas hast, weil das Höllenloch einer Beziehung Dir alles genommen hat, was Du zu bieten hattest.


*Du wirst die Chance haben, neu geboren zu werden*

Wenn Du aus dieser giftigen Situation herauskommst, wirst Du Dir erst verloren vorkommen, aber sobald Du die schwierigen Phasen überstanden hast, wirst Du feststellen, dass Du gestärkt und als völlig neuer Mensch daraus hervorgegangen bist. Manche brauchen dazu allerdings wirklich professionelle Hilfe.

## 14 - "Ich liebe dich" aus der Sicht eines Narzissten

Für diese desillusionierte Generation sind die Worte "Ich liebe dich" abgenutzt. Sie werden zu oft gesagt, aber nicht oft genug gelebt. Sie haben in verschiedenen Kontexten unterschiedliche Bedeutungen, aber sie haben immer eine besondere Bedeutung.

Manchmal werden diese Worte von Menschen gesagt, die ihre Bedeutung nicht ganz begreifen, von Menschen, die völlig mit sich selbst beschäftigt sind, Menschen, die niemanden außer sich selbst lieben können.

Wir alle sind in unserem Leben schon solchen gefährlich giftigen Menschen begegnet, deren Definition von Liebe Kontrolle und Besessenheit anstelle von Fürsorge und Verständnis ist. Wenn Sie das Pech hatten, von einem Narzissten oder einer Narzisstin geliebt zu werden, werden Sie diesen Brief, der aus der Perspektive eines Menschen geschrieben wurde, der nicht in der Lage ist, über sich selbst hinaus zu denken, sicher nachvollziehen können.

"Lieber abhängiger Partner,

Ich werde diese Worte nie in der Realität zu dir sagen, denn wenn ich es täte, würde ich offenbaren, wie ich die Welt absichtlich für das Einzige ausnutze, was mir wichtig ist - meinen eigenen Vorteil. Da ich mich nur um mich selbst kümmere, brauche ich dich, um die ganze Last der Beziehung zu tragen, während ich die Früchte der Beziehung ernte.

Wenn ich sage, dass ich dich liebe, dann meine ich das auch wirklich so. Ich liebe es, wie hart du für mich arbeitest. Ich liebe es, dass ich dich gezwungen habe, bei allem Kompromisse einzugehen, um mich glücklich zu machen. Ich liebe es, dass du alles für mich tust, aber du hast es aufgegeben, von mir zu erwarten, dass ich diese Höflichkeit erwidere.

Ich liebe es, dass ich die Macht habe, dich zu Tränen zu rühren, dir das Gefühl zu geben, klein und unbedeutend zu sein, und mich daran zu weiden, wie mächtig ich mich dadurch fühle. Ich weiß, dass du dich von mir übergehen lässt und ich dich immer wieder runterziehe, damit du nicht merkst, dass du etwas viel Besseres verdienst als das, was ich dir gebe.

Ich liebe es, dass ich dich des Gasgebens beschuldigen oder dich einfach als verrückt bezeichnen kann, wenn du Dinge ansprichst, die ich nicht diskutieren möchte. Außerdem liebe ich es, dass ich immer mehr von dir erwarten kann, während du deine Erwartungen an mich immer weiter herunterschraubst. Es macht mein Leben so einfach, wenn du mich über dich hinweggehen lässt!

Ich liebe es, wie ich deine Unschuld und Freundlichkeit als selbstverständlich hinnehmen kann und sie für meinen Nervenkitzel und mein Vergnügen nutze. Ich liebe es, dass du dich immer nur darauf konzentrierst, meinen Schmerz und mein Unbehagen zu lindern. Nichts ist jemals genug; ich fühle mich nicht genug geliebt, respektiert, bewundert und umsorgt. Und all dieses Elend lade ich bei dir ab, um es zu beheben.

Es ist nicht so, dass ich nicht wüsste, dass du Unterstützung, Liebe und Fürsorge brauchst; ich denke nur nicht, dass das so wichtig ist wie meine Gefühle. Ich habe für uns beide die Priorität, und das ist wirklich alles, was ich will. Es geht nie um die Nähe, das Einfühlungsvermögen oder die Verbindung, die du dir wünschst. Es geht nie darum, wie ich dich verletzt habe. Es geht immer darum, wie ich dich kontrollieren und dir das Gefühl geben kann, dass du nicht genug tust.

Ich bin dir überlegen, und ich liebe dich, wie man einen kostbaren Besitz liebt. Du bist genau wie all die anderen schönen Dinge, die ich besitzen möchte, und ich liebe den Neid, den andere empfinden, wenn sie dich an meinem Arm sehen.

Da ich ständig andere verletze, leidet mein Gehirn rund um die Uhr an Selbsthass. Deshalb liebe ich es, Zeit mit dir zu verbringen. Ich liebe es, von deiner emotionalen Unterstützung zu zehren, und ich liebe es, dich dafür zu hassen, dass ich dich ständig brauche. Ich liebe es, dir die Schuld für meine eigenen narzisstischen Tendenzen zu geben.

Ich liebe dich, weil ich Angst habe und müde bin von dem Selbsthass in mir. All die Gefühle, vor denen ich zu viel Angst habe, die Bedürftigkeit, die Emotionen, alles, wofür ich dich schwach und verrückt nenne, lässt mich dich lieben, weil ich mich von dir ernähre. Ich liebe dich, weil ich dich wie einen Sandsack behandeln kann, wenn dieser tiefe schwache Teil von mir droht, sich zu öffnen. Du hältst alles in Schach und ich halte dich für selbstverständlich, weil ich es hasse, dass ich dich so sehr brauche, wie ich es tue.

Natürlich wirst du mich an dem Tag, an dem dir das alles klar wird, verlassen. Also werde ich es dir nie sagen, und ich werde dich immer in der Hoffnung lassen, dass ich ein besserer Mensch werde, aber in Wirklichkeit werde ich das nie. Nur wenn du mich verlässt, wird sich meine Selbstgefälligkeit jemals verflüchtigen. An dem Tag, an dem du aufhörst, dich zu kümmern, werde ich fallen und meine Lektion lernen. Doch ich weiß, dass dieser Tag nie kommen wird, denn ich halte dich so sehr in meinen Sorgen gefangen, dass du nie an deine denken kannst. Und das ist genau das Richtige für mich.


Mit meiner endlosen Selbstliebe,

Dein narzisstischer Anderer."


Dieser Brief ist natürlich fiktiv, und ein echter Narzisst würde niemals so offen sein, nicht einmal sich selbst gegenüber. Aber wenn Sie einen toxischen Partner in Ihrem Leben hatten, werden Sie wissen, wie wichtig diese Art von Ehrlichkeit ist, um sich selbst zu vergeben und weiterzukommen.

## 15 - Wenn Sie sich jemals an einen narzisstischen Mann verloren haben, ist dies für Sie...

*Maraia F. schreibt:*

Einmal im Leben, oder vielleicht zweimal, triffst du einen Mann, der so aussieht, wie du es dir immer gewünscht hast. Das habe ich auch. Ich scherze nicht, wenn ich sage, dass ich ihn fast als das betrachtet habe, was dem Himmel am nächsten kommt. Und dann, ich weiß nicht genau wie, ist er mir wie Sand aus der Hand geglitten und ich habe weiter zugeschaut. Ich sah zu und weinte vor Schmerz.

Aber das war noch nicht das Ende. Er ist gegangen. Im Guten wie im Schlechten, während ich mich damit abfand, bis ich eines Morgens aufwachte und erkannte, dass mein Verlust mehr war als nur ein Mann. Der Verlust war ich. Und da wusste ich, warum alles um mich herum furchtbar dunkel aussah.

Ich setzte mich vor den Spiegel. Ich hatte eine ganz andere Aura um mich herum. Es fühlte sich fast so an, als würde ich im Körper eines anderen stecken, und das gefiel mir nicht. Eines der schlimmsten Dinge, die einem Menschen passieren können, ist, wenn er anfängt, sich in seiner eigenen Haut fremd zu fühlen.

Ich kann mich gut daran erinnern, dass das nicht immer so war. Früher war ich ein fröhlicher Mensch, sehr schrullig und äußerst freundlich. Ich liebte die Vorstellung, verliebt zu sein!

Ich war nicht mehr dieselbe Person, die ich war, als er in mein Leben trat, und ich konnte klar erkennen, dass von den hundert Veränderungen, die er in mir bewirkte, die meisten nicht zum Guten waren. Ich machte einen Fehler, als ich anfing, das Gute in seinem Schlechten zu sehen.

Ich vertraute ihm, und das war wertvoller, als ihn zu lieben. Ich vertraute ihm meine tiefsten, dunkelsten Geheimnisse an, ohne zu ahnen, dass er sie gegen mich verwenden würde, wenn die Dinge schief gingen. Ich glaubte ihm, als er sagte, meine Geheimnisse seien bei ihm sicher. Seitdem denke ich eine Million Mal darüber nach, bevor ich mich anderen Menschen gegenüber öffne. So tief war ich erschüttert.

Er fühlte sich wie ein Zuhause an. Abgesehen von meinem Vater hatte ich mich noch nie bei einem Mann so sicher gefühlt. Er gaukelte mir vor, er sei mein Komplize und mein Kumpel, aber die Wirklichkeit war ganz anders. Er brachte mich dazu, meinen Schutz abzulegen und erlaubte mir, vor ihm völlig verletzlich zu sein, nur damit er keinen Widerstand zu leisten brauchte, wenn er mich emotional angriff.

Ich war in ihn verliebt. Ich wusste, dass ich verliebt war, als ich anfing, mich dafür zu entschuldigen, wie er mich verletzte. Ich habe ihn vor mir selbst verteidigt, und das hätte mir ein Hinweis sein müssen. Ich entschied mich, ein Auge zuzudrücken, weil ich Angst hatte, dass er sich nicht mehr umdrehen würde, sobald er sich entschlossen hatte, mich zu verlassen. Die Wahrheiten lagen offen vor mir. Es war meine Schuld, dass ich mich entschieden hatte, meine Augen zu verschließen.

Ich habe für meine Liebe zu ihm bezahlt. Ich wurde ein Gefangener meiner eigenen Liebe. Nach einer Weile hatte ich das Gefühl, dass der Garten, den ich anlegte, in Wirklichkeit ein Grab war, das ich für mich selbst schaufelte. Ich sorgte dafür, dass er sich wie der beste Mann der Welt fühlte, denn das war er für mich. Mir war nicht klar, dass ich sein Ego fütterte und es dadurch nur noch größer wurde. Er fing an, sich selbst gut zu finden, wenn er mich niedermachte. Und das war verletzend.

Alles drehte sich nur noch um ihn. Es ist nichts Falsches daran, wenn sich alles um jemanden dreht, den man liebt. Aber es ist geradezu beängstigend, wenn die andere Person die Einzige ist, die existiert. Und genau das ist mir passiert. Mit der Zeit verblasste ich in dieser Beziehung. Es war, als wäre er das Zentrum des Universums und ich drehte mich um ihn. Meine Ziele, meine Träume und mein Ehrgeiz waren nie Teil unserer Unterhaltungen. Noch wichtiger ist, dass er nie versuchte, dies zu ändern. Er war glücklich, weil er wusste, dass er der einzige Mittelpunkt war. Ich hatte mich an einen narzisstischen Mann verloren. Er gab mir das Gefühl, dass ich nur unter bestimmten Bedingungen liebenswert war, und eine davon war, seinem Ego und seiner Selbstachtung Luft zu machen.

Ich habe mich wieder aufgebaut. Meine Mutter hat mir immer gesagt, dass es in meiner Natur liegt, mein Herz und meine Seele für etwas zu geben, das ich liebe. Nur dieses Mal war es ein Mensch. Nachdem ich für diesen Mann durch die Hölle und zurück gegangen war und mit ansehen musste, wie sich alles in Luft auflöste, habe ich mich sortiert. Ich beschloss, mich Stück für Stück zu sammeln und meinen Frieden wiederzufinden. Und das konnte ich nur, indem ich die Wahrheit akzeptierte, dass alles vorbei war und dass es nur zum Besten war. Und indem ich es losließ ... hörte ich auf, mich zu irgendetwas zu zwingen. Ich habe mich nicht einmal gezwungen, weiterzuziehen. Es dauerte seine eigene schöne Zeit. Ich habe aufgehört, mich dafür zu bestrafen, dass ich in die falsche Person verliebt war. Ich habe das, was ich getan habe, aus Liebe getan, und er war mir nichts schuldig. Ich erkannte, dass der Einzige, der mich zu seiner ersten Priorität macht, ich selbst bin, und so begann ich, mich so zu behandeln, wie ich von anderen behandelt werden wollte.

Ich weiß, dass sich die erste Stufe der Heilung wie das Ende der Welt anfühlt. Sie beginnen zu glauben, dass Sie sich immer so fühlen werden und dass Sie es verdient haben, sich miserabel zu fühlen, aber glauben Sie mir, bitte! Dies ist nicht Ihr Endziel. Sie werden viel mehr Respekt vor sich selbst haben, wenn Sie der Überlebende in Ihrer Geschichte sind und nicht das Opfer.


Es wird besser werden. Das verspreche ich.

## 16 – So traumatisieren Narzissen ihre Opfer

Die Idee der Gesellschaft beruht auf dem Konzept einer homogenen Einheitlichkeit, die auf bestimmten Eigenschaften beruht, die für das soziale Leben geschätzt werden.

Eine dieser Eigenschaften ist Empathie. Die Gesellschaft geht natürlich davon aus, dass jeder Mensch Empathie besitzt.

Dies ist jedoch weit von der Realität entfernt: Statistiken zeigen, dass allein in Deutschland einer von 25 Menschen Soziopathen, Narzissten (die an einer narzisstischen Persönlichkeitsstörung leiden) oder Psychopathen sind. Diese Menschen sprechen die Sprache der Projektion und des pathologischen Neids.

Alle drei Typen haben die Tendenz, Menschen für ihre eigenen Ziele auszunutzen. (In diesem Artikel geht es hauptsächlich um Narzissten.)

Narzisstische Beziehungspartner leben davon, dass sie ihre Partner bis zu dem Punkt abwerten und verunglimpfen, an dem sie selbst an den Rand gedrängt werden könnten. Auf diese Weise wird ihre Liebe zu sich selbst gerechtfertigt.

Diese Rechtfertigung bringt sie in Fahrt, fast wie ein Rausch.

Ihre Manipulation ist psychologisch, emotional zerstörerisch und sehr gefährlich, vor allem, wenn man bedenkt, dass die Schaltkreise im Gehirn für emotionale und körperliche Schmerzen ein und dasselbe sind. Was ein Opfer empfindet, wenn es in den Magen geschlagen wird, kann dem Schmerz ähneln, den ein Opfer empfindet, wenn es verbal und emotional missbraucht wird, und die Auswirkungen des narzisstischen Missbrauchs können lähmend und langanhaltend sein und sogar zu Symptomen von PTBS oder komplexer PTBS führen (*Im Unterschied zur klassischen Posttraumatischen Belastungsstörung (PTBS) ist die Komplexe PTBS nicht durch ein Einzelereignis verursacht, sondern durch ein breites Spektrum kognitiver, affektiver und psychosozialer Beeinträchtigungen gekennzeichnet, die meist über einen längeren Zeitraum bestehen bleiben.*). Es erübrigt sich zu erwähnen, dass diese Art von Missbrauch psychologische und emotionale Narben hinterlassen kann, die ein Leben lang anhalten können.

Kurz gesagt, das Opfer assoziiert Gewalt im Allgemeinen mit dem Schmerz, der ihm von einer geliebten Person zugefügt wurde. Infolgedessen erholen sie sich fast nie davon und können nie wieder ein dauerhaftes Liebesleben finden.

Das Schlimmste daran ist, dass der Missbrauch oft nicht einmal als solcher erkannt wird, da er von jemandem ausgeht, von dem sie keinen Schaden erwarten würden - von ihrem Liebespartner. Erst jetzt untersuchen Forscher das narzisstische Opfersyndrom als legitime Geisteskrankheit.

Narzisstische Missbraucher können jederzeit angreifen und ihre bevorzugten Waffen wie Sarkasmus, herablassende Bemerkungen, Beschimpfungen und Schuldzuweisungen einsetzen, wenn sie Sie als Bedrohung empfinden oder wenn sie Unterhaltung in Form einer emotionalen Reaktion brauchen.

Das gibt ihnen den Platz des Gönners und hilft ihnen, ihre verkorksten emotionalen Bedürfnisse zu befriedigen.

Um ihre Angriffe zu verstehen, müssen wir ihre Waffen verstehen. Diese bestehen aus Informationen, die sie sammeln; Informationen über Sie, die Sie ihnen in der Anfangsphase der Beziehung anvertrauen, wenn sie Sie mit übermäßiger Aufmerksamkeit umwerben.

Diese Liste könnte helfen, die drei Hauptarten von Informationen zu verstehen, die sie gegen Sie einsetzen.


*Ihre Stärken und Leistungen*

Deine besonderen Fähigkeiten und Fertigkeiten werden den Missbraucher unweigerlich krankhaft eifersüchtig machen. Dies widerspricht ihrem Gefühl der herablassenden, selbstgerechten Überlegenheit, das ihren Vorwurf nährt.

Anfangs wird er Dich auf ein Podest stellen, sich an Deinen Erfolgen erfreuen und seinerseits sein eigenes Image durch die Verbindung mit Dir aufpolieren (das sieht man nie kommen).

Später wirst Du wegen denselben Eigenschaften als "eingebildet", "eitel" oder "Angeber" bezeichnet.


*Ihre Schwächen*

Dies ist eine einfachere Sache zu verstehen.

Sie sehen deine Schwächen und sagen nichts, bis sie dich da haben, wo sie dich haben wollen.

Dann machen sie dich so lange lächerlich, bis du kein Selbstwertgefühl mehr hast.

Diese leere Hülle dessen, was du einmal warst, nährt ihr Gefühl von Sieg und Eroberung.

*Ihr Bedürfnis, ihnen zu gefallen, und ihr Bedürfnis, ständig unzufrieden zu sein*

Narzissten blühen auf, wenn sie zufrieden sind. Du musst sie zum Dreh- und Angelpunkt deines Lebens machen. Sie haben ein ständiges Bedürfnis, bestätigt zu werden, denn ihr Überlegenheitsgefühl lässt sich an der Zahl der so genannten Gimps messen, die sich um sie kümmern.

Du kannst Dich immer gegen solchen emotionalen Missbrauch wehren, wenn Du weißt, wie Du ihn erkennen kannst. Dies ist ihre *prima facie* Methode. Sei wachsam!

## 17 - Taktiken der Narzissten, um Sie zum Schweigen zu bringen

Ein bösartiger Narzisst, ein Psychopath oder sogar Menschen mit schwerwiegenden antisozialen Zügen geben sich einem manipulativen Verhalten hin, das darauf abzielt, ihre Partner und/oder Familienmitglieder auszunutzen und zu erniedrigen. Die Betroffenen sind in der Regel verletzt und haben ein verzerrtes Bild von der Realität. Dies geschieht, weil ein Narzisst/Soziopath alle möglichen Ablenkungsmanöver anwendet, um die Schuld von sich abzulenken und der anderen Person das Gefühl zu geben, sie sei dafür verantwortlich.

So schrecklich es auch ist, man kann sich vor solchen Menschen schützen, indem man auf die folgenden Merkmale achtet und sich von ihnen fernhält:

*Gaslighting - die Realität*

Diese manipulative Taktik zielt darauf ab, Deinen Realitätssinn zu beeinträchtigen, indem Du Dein eigenes Urteilsvermögen in Frage stellst. Wenn uns immer wieder gesagt wird, dass etwas, das wir gesehen haben, nicht wirklich so passiert ist, dass wir es uns nur eingebildet haben und/oder dass wir mit unserer Meinung schlichtweg falsch liegen, richtet das verheerende Folgen für unseren Verstand an.

Wenn man erst einmal die Fähigkeit verloren hat, seinen eigenen Entscheidungen zu vertrauen, wird es für die betreffende Person ein Leichtes sein, einen davon abzuhalten, ihr psychisch missbräuchliches Verhalten anzuprangern.

*Projektion - der eigenen Unzulänglichkeiten*

Es ist eine Art, die Schuld für die eigenen Taten zu vermeiden, indem man sie auf andere abwälzt. Dies geschieht, wenn eine Person nicht bereit ist, ihre eigenen Fehler einzugestehen und alles in ihrer Macht Stehende tut, um die Schuld auf jemand anderen zu schieben.

Wir alle haben das irgendwann im Leben getan, aber die wirklich bösartigen Menschen projizieren ihre eigenen Fehler auf andere in einer Weise, die man als giftig bezeichnen könnte. Sie sind der Grund, warum Dein Leben in Scherben liegt, und sie kommen ungeschoren davon.

*Verdrehung der Gedanken anderer*

Solche Menschen stellen Deine Gedanken und Gefühle absichtlich auf eine so absurde Weise falsch dar, dass es wie ein Charakterfehler aussieht.

Die Umdeutung Deiner Worte in etwas Giftiges, das Dich schlecht aussehen lässt, wird über kurz oder lang zu Schuldgefühlen Deinerseits führen. Deine Worte werden regelmäßig entsprechend ihrer eigenen Sichtweise fehlinterpretiert, ohne dass die Deine überhaupt berücksichtigt wird.

Sie legen Dir Worte in den Mund und lassen Dich grausam und unsensibel erscheinen.

*Themenwechsel, Verschiebung der Verantwortlichkeit*

Wenn Du ein Thema ansprichst, das ihnen nicht gefällt oder dass sie in ein schlechtes Licht rückt, wechseln solche Menschen schnell das Thema. Um sich ihrer Verantwortung zu entziehen, werden sie entweder auf Deine Fehler in der Vergangenheit hinweisen oder ein völlig anderes Thema anschneiden, um ein Druckmittel zu haben.

*Beschimpfen, und zwar die falschen*

Der Begriff "narzisstische Wut" beschreibt die Wut, die eine solche Person empfindet, wenn sie mit einem Argument konfrontiert wird, das sie nicht logisch diskutieren kann. Ihr ausgeprägtes Überlegenheitsgefühl veranlasst sie dazu, auf Beschimpfungen zurückzugreifen, um Ihre Überzeugungen und Meinungen zu kritisieren, da es einfacher ist, Dich als Person herabzuziehen, als mit gut formulierten Gedanken zu argumentieren.

Oft bringen solche Leute die Meinung anderer ein, die nicht einmal im Entferntesten etwas mit dem Gespräch zu tun haben, um ihr missbräuchliches Verhalten zu bestätigen. Dies geschieht, damit Du anfängst, an Deinem eigenen Standpunkt zu zweifeln, denn wenn mehr Leute ihren Standpunkt unterstützen, haben sie ihrer Meinung nach Recht.

## Das Bedürfnis nach Kontrolle

Das beste Mittel, das sich solche Menschen ausdenken, um ihre Macht über Dich zu erhalten, ist Isolation. Indem sie Dich von Deiner Familie, Deinen Freunden und der Welt im Allgemeinen isolieren und Ihre Gefühle manipulieren, gewinnen sie Macht über Dich. Dies nährt ihr Bedürfnis, Dein Selbstwertgefühl zu untergraben und Dein Leben zu vergiften.

Die einzige Möglichkeit, diese Negativität zu bekämpfen, besteht darin, Macht über Deinen Verstand und Deine Gefühle zurückzuerlangen. Je mehr Du mit Deiner Realität in Verbindung stehst, desto besser bist Du in der Lage, dieser Negativität in Deinem Leben erfolgreich zu begegnen.

## 18 - Der Narzisst, mit dem Sie zusammen sind, macht Sie absichtlich eifersüchtig...

Jeder, der schon einmal längere Zeit mit einem narzisstischen Partner zusammen war, weiß aus erster Hand, dass solche Personen oft Eifersucht provozieren, indem sie davon sprechen, dass sie mit anderen ausgehen wollen, indem sie kommentieren, wie attraktiv jemand anderes ist (z. B. bei einem Date), und indem sie die Unzulänglichkeiten ihres aktuellen Partners im Vergleich zu anderen diskutieren.

Die Wissenschaft nennt sie einfach chronisch selbstverliebte Narzissten. Wir sind froh, dass die Wissenschaft ihre Aufmerksamkeit auf Dinge richtet, die unserem Wohlbefinden schaden: Herzkrankheiten, Diabetes, Muffins, Idioten. Die medizinische Forschung hat nun bestätigt, dass Eifersucht eine große Rolle im romantischen Spielbuch des Narzissten spielt. Dennoch hat die Universität von Alabama in Tuscaloosa vor kurzem untersucht, inwieweit Flirten, Fremdgehen und sogar das einfache Reden über andere attraktive Menschen bei narzisstischen Beziehungen eine Rolle spielen.

Die Forscher stellen fest, dass es zwei Untertypen von Narzissmus gibt - grandiose und verletzliche Narzissten. Grandiose Narzissten treten selbstbewusst und kontaktfreudig auf, haben scheinbar keine sozialen Ängste und werden von anderen sofort als "narzisstisch" wahrgenommen. Verletzliche Narzissten hingegen wirken schüchtern, sozial ängstlich und still. Nach einer Weile neigen sie dazu, hochmütig zu werden und anderen das Gefühl zu geben, dass es ihnen schlechter geht, möglicherweise um ihr geringes Selbstwertgefühl zu stärken. All diese Manöver wirken sich negativ auf Beziehungen aus. Forscher berichten, dass sowohl grandiose als auch verletzliche Narzissten regelmäßig Dinge tun, die ihre Beziehungen untergraben.

Mithilfe der *Motives for Inducing Romantic Jealousy Scale* (MIRJS) testeten die Forscher die eigennützigen Impulse von 237 Probanden, die ihre Eifersucht einsetzten, um fünf bestimmte Ziele zu erreichen:

1. Macht und Kontrolle über das Objekt der Zuneigung ausüben

2. sich an ihrem Partner zu rächen

3. ihre Beziehung zu testen und Abhängigkeit zu stärken

4. Sicherheit zu suchen

5. ihr geringes Selbstwertgefühl zu kompensieren

Wenn Sie bei sich oder Ihrem Partner einige narzisstische Züge erkennen, sollten Sie nicht gleich in Panik verfallen.

Bedenken Sie, dass Narzissmus oft aus einer tiefen Verunsicherung heraus entsteht und ein erlerntes Verhalten ist. Dr. Susan Heitler (Psychologin aus Denver USA) sagt: "Viele der liebenswertesten und bewundernswertesten Menschen auf dieser Welt neigen zu narzisstischen Verhaltensweisen." Sie sagt auch, dass dieses Verhalten verlernt oder optimiert werden kann, wenn man sich das denn antun will und nicht vor der Arbeit scheut. Also Ruhe zu bewahren und die Kommunikation zu öffnen ist ein guter Weg, um Unsicherheiten und Kontrollsucht zu umgehen.

## 19 - Die besten Ehe-Ratschläge einer geschiedenen Frau...

Sie können dies als einen Leitfaden für Ihr Eheleben betrachten...

Diese Ratschläge stammen von einer Frau, die nach sieben Jahren Ehe geschieden wurde, und sollten in Zeiten der Not sehr hilfreich sein. Eine Beziehung funktioniert immer auf zwei Arten. Sowohl der Mann als auch die Frau sollten gleichermaßen in sie investieren. Aber hier sind einige Tipps für die Ehefrauen:

1. Suchen Sie das Beste in ihm heraus: Es gibt viele Dinge, die Sie an Ihrem Partner mögen und die Sie nicht mögen. Versuchen Sie, sich auf die erstgenannten Dinge zu konzentrieren.

2. Haben Sie Sex mit ihm: Körperliche Intimität ist genauso wichtig wie eine emotionale. Regelmäßiger Sex mit Ihrem Mann sorgt dafür, dass es zwischen Ihnen heiß hergeht.

3. Holen Sie sich guten Rat von älteren Frauen, die eine erfolgreiche Ehe geführt haben: Manchmal braucht man nur einen guten Rat, um sich vor falschen Entscheidungen zu schützen.

4. Gönnen Sie ihm die Denkpause: Geben Sie ihm die Zeit, die er braucht, um ganz allein zu sein.


5. Versuchen Sie nicht, ihn ständig zu ändern und zu reparieren: Es mag aufregend klingen, aber behandeln Sie Ihren Partner nicht wie eine Fallstudie.


6. Machen Sie ihm Komplimente über seine Männlichkeit: Jeder fühlt sich gut, wenn er ab und zu ein wenig gelobt wird. Warum sollte Ihr Mann dann nicht auch ein paar Komplimente bekommen?


7. Über seine Witze lachen: Menschen wollen lustig sein oder sich lustig verhalten, auch wenn sie es nicht sind. In dem Fall Ihres Mannes spielen Sie einfach mit.


8. Übernehmen Sie die Verantwortung für Ihr Handeln: Stehen Sie zu dem, was Sie tun. Schieben Sie die Schuld nicht immer auf Ihren Ehepartner.

9. Fangen Sie nicht an zu lästern und sich zu beschweren, sobald er nach Hause kommt: Er ist von der Arbeit zurückgekommen. Er hat für den Tag schon genug gehabt.

10. Du solltest da sein, wenn er dich braucht: Nur so wächst eine Beziehung. So sollt ihr beide zusammenwachsen.

11. Vermeiden Sie es, über andere Männer zu sprechen: Geben Sie ihm keinen Minderwertigkeitskomplex. Sie sehen auch nicht aus wie Prinzessin Diana.

12. Lassen Sie ihm etwas Freiraum: Jeder Mensch hat das Recht, seinen eigenen Freiraum und seine eigene Zeit zu genießen. Ihr Mann hat das sicher auch.

13. Es ist in Ordnung, ein wenig verletzlich zu sein: Es ist nichts Falsches daran, seiner besseren Hälfte seine Ängste und Befürchtungen mitzuteilen.

14. Erlauben Sie Ihrem Mann, Sie so zu lieben, wie er es möchte: Es stimmt, dass jeder Mensch Erwartungen hat. Aber du solltest die Liebe deines Mannes nicht ständig mit deinen Erwartungen vergleichen. Auf diese Weise verpassen Sie die besten Momente in Ihrer Beziehung.

15. Sie sollten als Person transparent sein: Zögern Sie nicht, ein offenes Buch zu sein. Transparenz hilft dabei, Vertrauen in einer Beziehung aufzubauen.

16. Demütigen Sie ihn nicht in der Öffentlichkeit: Sie sollten nicht einmal daran denken, es zu tun. Sie sollten ihm in der Öffentlichkeit immer den Rücken freihalten, auch wenn Sie anders denken. Führen Sie Ihre Diskussionen und Streitereien hinter verschlossenen Türen. Die Öffentlichkeit sollte nur Zeuge der Liebe und Verbundenheit sein, die Sie teilen.

17. Dinge, die Sie verbinden - gemeinsame Hobbys, Ziele und Träume: Was gibt es Schöneres, als wenn Sie beide die gleichen Träume und Ziele im Leben haben? Auf diese Weise ist es noch einfacher, daran zu arbeiten.

18. Akzeptiere seine Vergangenheit: Wenn du ein Teil seiner Gegenwart sein willst, musst du das tun.

19. Finanzielle Fragen sollten Ihre Beziehung nicht belasten: Die Finanzen sind ein häufiger Streitpunkt in jeder Ehe. Aber lassen Sie das nicht zwischen Sie beide kommen.

20. Sie sollten liebevoll und vergebend sein: Das Wichtigste haben wir uns für den Schluss aufgehoben. Ohne diese beiden Dinge kann keine Ehe bestehen.

## 20 - Die besten Ehe-Ratschläge eines geschiedenen Mannes.

Wir haben bereits den besten Ratschlag für die Ehe von einer geschiedenen Frau gehört, aber wir müssen beide "beschädigten" Seiten hören, um die ganze Geschichte zu kombinieren.

Ich habe einen unglaublichen Ratschlag von einem geschiedenen Mann - Gerald Rogers - gefunden, der ihn als Status auf Facebook veröffentlicht hat. Gerald Rogers ist ein Suchender, ein Führer, ein Diener, ein Liebender und ein Krieger des Lichts. Sein berühmter Status bricht seit 2013 die Rekorde, und zwar aus den richtigen Gründen!

Ich habe mich entschieden, seinen Ratschlag nicht umzuschreiben oder meine persönliche Meinung dazu zu äußern, weil ich denke, dass er so, wie er ist, perfekt ist. Ich denke, jeder wird die Lektion so besser verstehen und es besser machen als ich.

Hier ist also der eigentliche Ratschlag, ungekürzt:

*Ratschläge für die Ehe, die ich gerne gehabt hätte:*

Natürlich bin ich kein Beziehungsexperte. Aber die Tatsache, dass meine Scheidung diese Woche abgeschlossen wurde, gibt mir eine Perspektive für Dinge, die ich gerne anders gemacht hätte. Nachdem ich eine Frau verloren habe, die ich geliebt habe, und eine Ehe von fast 16 Jahren, sind hier die Ratschläge, die ich gerne gehabt hätte.

1) Niemals aufhören zu werben. Hören Sie nie auf, sich zu verabreden. Nimm diese Frau NIEMALS als selbstverständlich hin. Als du ihr einen Heiratsantrag gemacht hast, hast du ihr versprochen, der Mann zu sein, dem ihr Herz gehört und der es mit aller Kraft beschützt. Dies ist der wichtigste und heiligste Schatz, der dir jemals anvertraut werden wird. SIE HAT SICH FÜR DICH ENTSCHIEDEN. Vergiss das nie, und werde NIE LASER in deiner Liebe.

2) BESCHÜTZE DEIN EIGENES HERZ. So wie du dich verpflichtet hast, der Beschützer ihres Herzens zu sein, musst du dein eigenes mit der gleichen Wachsamkeit bewahren. Lieben Sie sich selbst voll und ganz, lieben Sie die Welt offen, aber es gibt einen besonderen Platz in Ihrem Herzen, den niemand außer Ihrer Frau betreten darf. Halte diesen Platz immer bereit, sie zu empfangen und einzuladen, und weigere dich, irgendjemanden oder irgendetwas anderes dort hineinzulassen.

3) Verlieben Sie sich immer und immer wieder neu. Ihr werdet euch ständig verändern. Ihr seid nicht mehr dieselben Menschen, die ihr bei eurer Heirat wart, und in fünf Jahren werdet ihr nicht mehr dieselbe Person sein, die ihr heute seid. Veränderungen werden kommen, und dabei müsst ihr euch jeden Tag neu füreinander entscheiden. Sie muss nicht bei dir bleiben, und wenn du dich nicht um ihr Herz kümmerst, kann es sein, dass sie dieses

Herz an einen anderen verschenkt oder dich ganz ausschließt, und du kannst es vielleicht nie wieder zurückgewinnen. Kämpfen Sie immer darum, ihre Liebe zu gewinnen, so wie Sie es getan haben, als Sie um sie warben.

4) Sehen Sie IMMER das Beste in ihr. Konzentriere dich nur auf das, was du liebst. Worauf du dich konzentrierst, wird sich ausdehnen. Wenn du dich auf das konzentrierst, was dich nervt, wirst du nur Gründe sehen, um genervt zu sein. Wenn du dich auf das konzentrierst, was du liebst, kannst du gar nicht anders, als von der Liebe verzehrt zu werden. Konzentrieren Sie sich auf den Punkt, an dem Sie nichts anderes mehr sehen können als die Liebe, und Sie wissen ohne Zweifel, dass Sie der glücklichste Mann der Welt sind, diese Frau zur Frau zu haben.

5) ES IST NICHT DEINE AUFGABE, SIE ZU ÄNDERN ODER ZU FIXIEREN... deine Aufgabe ist es, sie so zu lieben, wie sie ist, ohne die Erwartung, dass sie sich jemals ändert. Und wenn sie sich verändert, dann liebe das, was aus ihr wird, egal ob es das ist, was du wolltest oder nicht.

6) Übernehmen Sie die volle Verantwortung für Ihre eigenen Gefühle: Es ist nicht die Aufgabe Ihrer Frau, Sie glücklich zu machen, und sie KANN Sie nicht traurig machen. Sie sind dafür verantwortlich, Ihr eigenes Glück zu finden, und dadurch wird Ihre Freude auf Ihre Beziehung und Ihre Liebe überschwappen.

7) Geben Sie Ihrer Frau NIEMALS die Schuld, wenn SIE frustriert oder wütend auf sie sind, sondern nur, weil es etwas in Ihnen auslöst. Es sind DEINE Gefühle und du bist dafür verantwortlich. Wenn Sie diese Gefühle empfinden, nehmen Sie sich Zeit, um in sich zu gehen und zu verstehen, was in Ihnen ist, das geheilt werden will. Du hast dich zu dieser Frau hingezogen gefühlt, weil sie die Person war, die am besten geeignet war, all deine Kindheitswunden auf die schmerzhafteste Art und Weise auszulösen, so dass du sie heilen konntest ..., wenn du dich selbst heilst, wirst du nicht mehr von ihr ausgelöst werden, und du wirst dich fragen, warum du das jemals getan hast.

8) Erlaube deiner Frau, einfach zu SEIN. Wenn sie traurig oder verärgert ist, ist es nicht deine Aufgabe, das zu beheben, sondern sie zu halten und sie wissen zu lassen, dass es in Ordnung ist. Lass sie wissen, dass du sie hörst, dass sie wichtig ist und dass du die Säule bist, an die sie sich immer anlehnen kann. Beim weiblichen Geist geht es um Veränderung und Emotionen, und wie ein Sturm werden ihre Emotionen ein- und ausbrechen, und wenn du stark und unvoreingenommen bleibst, wird sie dir vertrauen und dir ihre Seele öffnen... LAUF NICHT WEG, WENN SIE AUFGEREGT IST. Sei präsent und stark und lass sie wissen, dass du nicht weggehst. Hören Sie zu, was sie wirklich hinter den Worten und Gefühlen sagt.

9) LÄSSIG SEIN ... Nimm dich nicht so verdammt ernst. Lachen Sie. Und bring sie zum Lachen. Lachen macht alles andere einfacher.

10) FÜLLEN SIE JEDEN TAG IHRE SEELE... lernen Sie ihre Liebessprachen und die spezifischen Wege, auf denen sie sich wichtig, bestätigt und GEFÜHLT fühlt. Bitten Sie sie, eine Liste mit 10 Dingen zu erstellen, die ihr das Gefühl geben, geliebt zu werden, und merken Sie sich diese Dinge und machen Sie es zu einer Priorität, ihr jeden Tag das Gefühl zu geben, eine Königin zu sein.

11) SEI PRÄSENT. Schenken Sie ihr nicht nur Ihre Zeit, sondern auch Ihre Konzentration, Ihre Aufmerksamkeit und Ihre Seele. Tu alles, was nötig ist, um deinen Kopf freizubekommen, damit du, wenn du mit ihr zusammen bist, ganz bei ihr bist. Behandeln Sie sie so, als wäre sie Ihr wertvollster Kunde. Das ist sie.

12) Sei bereit, sie zu nehmen, sie in der Kraft deiner männlichen Präsenz mitzureißen, sie zu verzehren und mit deiner Stärke zu verschlingen und sie bis in die tiefsten Ebenen ihrer Seele zu durchdringen. Lass sie in ihrer weiblichen Sanftheit dahinschmelzen, wenn sie weiß, dass sie dir voll vertrauen kann.

13) SEI KEIN IDIOT.... Und hab auch keine Angst davor, einer zu sein. Du wirst Fehler machen und sie auch. Versuche, keine allzu großen Fehler zu machen, und lerne aus den Fehlern, die du machst. Du musst nicht perfekt sein, versuche nur, nicht zu dumm zu sein.

14) Geben sie ihr Raum... Die Frau ist so gut darin, zu geben und zu geben, und manchmal muss sie daran erinnert werden, sich Zeit zu nehmen, um sich selbst zu versorgen. Manchmal muss sie sich von deinen Ästen lösen, um das zu finden, was ihre Seele nährt, und wenn du ihr diesen Freiraum gibst, wird sie mit neuen Liedern zurückkommen, die sie singen kann, (okay, das wird jetzt ein bisschen zu poetisch, aber du verstehst, worum es geht. Sagen Sie ihr, dass sie sich Zeit für sich selbst nehmen soll, vor allem, wenn Sie Kinder haben. Sie braucht diesen Freiraum, um sich zu erneuern und wieder in den Mittelpunkt zu rücken und sich selbst zu finden, nachdem sie sich im Dienst für dich, die Kinder und die Welt verloren hat).

15) Seien Sie verletzlich... Sie müssen nicht alles im Griff haben. Seien Sie bereit, Ihre Ängste und Gefühle mitzuteilen, und gestehen Sie Ihre Fehler ein.

16) SEI VOLLKOMMEN TRANSPARENT. Wenn du Vertrauen haben willst, musst du bereit sein, ALLES mitzuteilen ... besonders die Dinge, die du nicht teilen willst. Es erfordert Mut, voll und ganz zu lieben, dein Herz zu öffnen und sie hereinzulassen, auch wenn du nicht weißt, ob ihr gefällt, was sie findet... Ein Teil dieses Mutes besteht darin, ihr zu erlauben, dich ganz und gar zu lieben, deine Dunkelheit ebenso wie dein Licht. Lass die Maske fallen... Wenn du das Gefühl hast, dass du in ihrer Nähe eine Maske tragen und immer perfekt sein musst, wirst du nie die volle Dimension dessen erfahren, was Liebe sein kann.

17) HÖRT NIE AUF, ZUSAMMEN ZU WACHSEN... Der stehende Teich bringt Malaria hervor, der fließende Bach ist immer frisch und kühl. Atrophie ist der natürliche Prozess, wenn man aufhört, einen Muskel zu trainieren, genauso wie es der Fall ist, wenn man aufhört, an seiner Beziehung zu arbeiten. Finden Sie gemeinsame Ziele, Träume und Visionen, auf die Sie hinarbeiten können.

18) MACHEN SIE SICH KEINE SORGEN UM GELD. Geld ist ein Spiel, finden Sie Wege, um als Team zusammenzuarbeiten und es zu gewinnen. Es ist nie hilfreich, wenn sich die Partner streiten. Finden Sie heraus, wie Sie die Stärken beider Personen nutzen können, um zu gewinnen.

19) VERGEBEN SIE SOFORT und konzentrieren Sie sich auf die Zukunft, anstatt sich mit der Vergangenheit zu belasten. Lass dich nicht von deiner Vergangenheit als Geisel halten. Das Festhalten an vergangenen Fehlern, die entweder Sie oder sie gemacht haben, ist wie ein schwerer Anker in Ihrer Ehe und wird Sie zurückhalten. VERGEBUNG IST FREIHEIT. Schneide den Anker los und entscheide dich immer für die Liebe.

20) WÄHLE IMMER DIE LIEBE. WÄHLE IMMER DIE LIEBE. WÄHLE IMMER DIE LIEBE. Letztendlich ist dies der einzige Rat, den du brauchst. Wenn dies der Leitsatz ist, von dem sich alle Ihre Entscheidungen leiten lassen, gibt es nichts, was das Glück Ihrer Ehe gefährden könnte. Die Liebe wird immer Bestand haben.

Letztendlich geht es in der Ehe nicht um "Glücklich bis ans Ende ihrer Tage". Es geht um Arbeit. Es geht um die Verpflichtung, gemeinsam zu wachsen, und um die Bereitschaft, kontinuierlich in etwas zu investieren, das die Ewigkeit überdauern kann. Durch diese Arbeit wird sich das Glück einstellen.

Die Ehe ist das Leben, und es wird Höhen und Tiefen bringen. Wenn man sich auf alle Zyklen einlässt und lernt, aus jeder Erfahrung zu lernen und sie zu lieben, wird man die Kraft und die Perspektive haben, Stein für Stein weiterzubauen.

Dies sind Lektionen, die ich auf die harte Tour gelernt habe. Es sind Lektionen, die ich zu spät gelernt habe.

Aber es sind Lektionen, die ich gelernt habe und die ich auch in Zukunft weitergeben werde. Die Wahrheit ist, dass ich es geliebt habe, verheiratet zu sein, und irgendwann werde ich wieder heiraten, und wenn ich das tue, werde ich es mit einem Fundament aufbauen, das jedem Sturm und jeder Zeit standhalten wird.

Wenn Sie dies lesen und in meinem Schmerz Weisheit finden, teilen Sie sie mit den jungen Ehemännern, deren Herzen noch voller Hoffnung sind, und mit den Paaren, die Sie kennen, die vielleicht vergessen haben, wie man liebt. Vielleicht geht es einem dieser Männer wie mir, und durch diese hart erarbeiteten Lektionen wird vielleicht etwas in ihm erwachen und er wird lernen, der Mann zu sein, auf den seine Frau gewartet hat.

Die Frau, die ihm ihr Ja-Wort gegeben und ihm ihr Leben anvertraut hat, hat darauf gewartet, dass dieser Mann aufsteht.

Wenn Sie dies lesen und Ihre Ehe nicht so ist, wie Sie es sich wünschen, übernehmen Sie 100% Verantwortung für IHREN TEIL in der Ehe, unabhängig davon, wo Ihr Ehepartner steht, und verpflichten Sie sich, diese Lektionen anzuwenden, solange noch Zeit ist.

MÄNNER - DAS IST IHR AUFGABE: Verpflichten Sie sich, ein EPIC LOVER zu sein. Es gibt keine größere Herausforderung und keinen größeren Preis. Ihre Frau hat das von Ihnen verdient.

Seien Sie die Art von Ehemann, mit der Ihre Frau einfach nur prahlen kann.

# 21 – Pure, positive Energie für die Beziehungen

Wenn sie erstaunlich ist, wird sie nicht einfach sein. Wenn sie einfach ist, wird sie nicht erstaunlich sein. Wenn sie es wert ist, wirst du nicht aufgeben. Wenn du aufgibst, bist du es nicht wert. „Die Wahrheit ist, dass dich jeder verletzen wird; du musst nur die finden, für die es sich zu leiden lohnt." - Bob Marley

Wir kommen um gewisse Konditionierungen nicht herum, nicht um die, die wir uns angedeihen lassen und nicht um die, die wir dem Partner auferlegen, damit sein Verhalten mehr unseren Vorstellungen entspricht.

*Vernon Howard's Mystic Path to Cosmic Power* behandelt spirituelle und psychologische Wahrheiten in einfachen Worten. Die folgenden Geheimnisse für sinnvolle Beziehungen sind ein Auszug aus demselben Buch.

*Selbsterkenntnis*

In einer Beziehung ist derjenige mit der tieferen Selbsteinsicht in der Regel der Wertvollere. Er neigt dazu, ruhiger und geerdeter zu sein.

*Vermeiden Sie Manipulation*

Lasse nicht zu, dass das Verhalten der anderen Person Deine Gefühle über Dich selbst bestimmt.


*Absichten zählen mehr als Taten*

Nimm Handlungen oder Worte anderer Menschen nicht gleich für bare Münze. Versuche stattdessen, ihre innersten Absichten und die Gründe für ihre Handlungen und Worte zu verstehen. Wenn das Sagen und das Tun bei einem Menschen nicht deckungsgleich sind, sollte in Dir ein Warnsignal blinken.


*Ein Sinn für Individualität*

Wenn eine Freundschaft oder eine Beziehung von Dir verlangt, dass Du Deine Persönlichkeit und Würde aufgeben sollst, so ist das falsch.


*Das Gefühl des Einsseins mit allen anderen Menschen*

Mystisch gesehen sind wir alle von Natur aus ähnlich. Man kann sich nicht selbst verletzen, ohne andere zu verletzen und umgekehrt. Ebenso kann man andere nicht glücklich machen, ohne dass man selbst dasselbe fühlt.

*Befreie dich von unnötigem Verlangen*

Wenn Du frei von unnötigen Begierden bist, kannst Du niemals getäuscht werden.

*Vermeide ständigen Widerstand gegen Dinge*

Es ist reif, sich davon zu befreien, statt ständig einen wütenden Schutz aufrechtzuerhalten. Widerstand stört Deinen eigenen Seelenfrieden.

*Selbsterkenntnis*

Je mehr Du Dich selbst verstehst, desto besser wirst Du andere verstehen.

*Eine vollständige Erfahrung menschlicher Beziehungen*

Erlaube Dir, alle Deine menschlichen Beziehungen vollständig zu erleben. Nur dann wirst Du die Dinge endlich klarsehen können.

*Wissen, was Liebe bedeutet*

Wenn Du die wahre Bedeutung der Liebe kennst, wird es Dich nicht verletzen, wenn Deine Liebe ungesehen bleibt oder zurückgewiesen wird.

*Lerne, mit Liebeskummer umzugehen*

Überstürze nicht den Schmerz über den Verlust eines Freundes. Gehe damit um und überwinde ihn, bevor Du einen Ersatz findest.

*Vermeiden Sie die Suche nach sozialer Bestätigung*

Habe keine Angst davor, in der sozialen Welt ein "Niemand" zu sein. Die Wahrheit liegt viel tiefer, als es den Anschein hat.

*Schätze sowohl das Angenehme als auch das Unangenehme*

Eine vollständige Erfahrung der angenehmen und unangenehmen Dinge zusammen ergibt das wahre Bild einer Person.

*Erkenne, was dir schadet*

Sei nicht blind für Verletzungen, die dich so sehr verletzen, dass du überrascht bist, wenn andere dich darauf hinweisen.

*Erkenne die Tugend in anderen*

Oft sind wir uns der Tugenden, die andere Menschen besitzen, nicht bewusst. Erkenne die Tugenden der anderen, auch wenn Du sie nicht besitzt.

## Begierde ist nicht dasselbe wie Liebe

Begierde lässt Dich nach mehr und mehr Befriedigung streben. Die Liebe ist mit sich selbst im Reinen. Sie ist beherrscht und zufrieden.

## Ermutige die Positivität in dir selbst

Ein Teil von Dir sehnt sich nach der liebevollen Seite des Lebens, ein Teil von Dir nicht. Versuche dein Bestes, alles Positive in dir zu fördern.

## Selbstwertgefühl

Lebe nicht in Angst davor, was andere von Dir denken könnten. Sei, wer du bist, und handle so, wie Du Dich fühlst, ohne ein Urteil zu fürchten.

## Sei dein wahres Ich

Bemühe Dich, ein echter Mensch zu sein und nicht nur ein liebevoller Mensch. Sei Dein wahres Ich, ohne zu versuchen, in die Vorstellung zu passen, die andere Menschen von Dir haben.

*Verwandle dein inneres Leben in ein gutes Leben*

Die Verwandlung Deines Inneren in einen guten und echten Menschen ist das beste Geschenk, das du jemals jemandem machen kannst. Arbeite an Deinen Stärken und mache Dich der Liebe und Wertschätzung würdig. Dies ist ein Ausdruck der größten Liebe zu den Menschen.

# 22 - Selbstliebe, der erste Schritt

Wie oft erwarten wir von anderen, dass sie uns bestätigen - dass sie uns das Gefühl geben, dass wir wichtig, wertvoll und würdig sind? Wie fühlen Sie sich, wenn Sie diese Bestätigung und Anerkennung, die Sie suchen, nicht erhalten?

Wollen Sie Ihren Selbstwert wirklich in die Hände anderer legen? Wollen Sie wirklich, dass andere Menschen bestimmen, ob Sie in Ordnung sind oder nicht? Wollen Sie ein Opfer der Urteile anderer sein?

Wie oft haben Sie das Gefühl, dass Sie nicht gut genug sind oder dass Sie nicht gut genug aussehen, um anerkannt zu werden? Stellen Sie sich vor, wie anstrengend es wäre, Ihr Leben damit zu verbringen, sich Gedanken darüber zu machen, ob andere Menschen Sie wertschätzen oder nicht.

Es gibt nur eine Möglichkeit, diesen Kreislauf zu durchbrechen: Lernen Sie, sich selbst wertzuschätzen. Lernen Sie, sich selbst die Aufmerksamkeit, Anerkennung, Liebe und Akzeptanz zu geben, die Sie von anderen erwarten.

Sich selbst zu bestätigen, bedeutet nicht nur, in den Spiegel zu schauen und sich zu sagen, dass man ein wunderbares, schönes

Kind Gottes ist. Es geht nicht nur darum, sich den ganzen Tag über zu sagen, dass man in Ordnung ist.

Ihr inneres Kind - Ihre Essenz - wird Ihnen nicht glauben, wenn die Anerkennung von Ihrem begrenzten, programmierten Verstand (Ihrem vom Ego verletzten Selbst) kommt. Ihr programmierter Verstand ist wie ein Kind oder ein Jugendlicher. Wessen Meinung würden Sie wohl eher akzeptieren? Die eines Kindes oder die eines älteren, weiseren Menschen? Wahrscheinlich die letztere.


*Zwei Schlüssel zur Selbstbestätigung*

Der erste Schritt zur Selbstbestätigung besteht also darin, dass Sie lernen, die Wahrheit darüber, wer Sie sind, von Ihrem höheren Verstand aus zu erkennen - Ihrem entwickelten, spirituellen Selbst. Nur wenn die Wahrheit darüber, wer Sie sind, durch Sie kommt, werden Sie ihr glauben.

Die Wahrheit von deinem höheren Selbst zu hören, ist nicht so schwer, wie du vielleicht denkst. Wenn es Ihre aufrichtige Absicht ist, die Wahrheit zu erfahren, werden Sie sie zu spüren beginnen.

Greifen Sie auf diese Wahrheit zu, indem Sie sich ein älteres, weiseres Ich vorstellen. Bitten Sie diese Version Ihrer selbst, Ihnen die Essenz Ihrer Seele zu offenbaren. Stellen Sie sich vor, dass Sie sich selbst als kleines Kind sehen können, bevor Sie gelernt haben, sich selbst zu beurteilen, zu untergraben oder abzuwerten. Stellen Sie sich all die Gründe vor, warum Ihr älteres, weiseres Selbst Sie bewundert.

Der zweite Schlüssel zur Selbstbestätigung liegt in der Art und Weise, wie Sie sich selbst behandeln. Es spielt keine Rolle, wie viele schöne Dinge Ihr höheres Selbst Ihnen darüber erzählt, wer Sie sind. Um diese Wahrheit zu verinnerlichen, müssen Sie aufhören, sich selbst zu verurteilen und sich auf zahlreiche andere Weisen aufzugeben. Wenn Sie Ihre Gefühle ignorieren, Ihre Gefühle mit Süchten betäuben und andere für Ihren Wert verantwortlich machen, bleiben Sie in einem Gefühl der Unwürdigkeit gefangen.

Sie müssen sich darin üben, sich selbst als geschätztes Wesen zu behandeln. Je mehr Sie lernen, sich selbst zu sehen, zu lieben und wertzuschätzen, desto mehr Bestätigung werden Sie bei anderen finden.

Wenn Sie sich selbst lieblos behandeln, laden Sie andere dazu ein, das Gleiche zu tun. Wenn Sie lernen, sich selbst zu lieben und zu bestätigen, zeigt die Energie, die Sie ausstrahlen, anderen, dass Sie es wert sind, geliebt und bestätigt zu werden.

Das Leben wird sich nur dann zum Besseren wenden, wenn Sie lernen, sich selbst zu lieben und wertzuschätzen.

## 23 - Sex in der Ehe muss nicht langweilig sein!

Sex und Ehe sind etwas, worüber viel zu wenig gesprochen wird. Viel zu oft kommt es vor, dass das Sexleben nach und nach einschläft. Am Anfang einer Beziehung tut man es noch jeden Tag, doch nachdem die frische Verliebtheit vergangen ist, kehrt der Alltag ein. Besonders bei bereits längeren Ehen ist dies immer wieder zu beobachten.

In diesem Fall hilft nur noch eines: das Reden über Sex! Blöderweise ist dies jedoch auch genau das, was vielen Paaren schwerfällt. Sex macht man doch, da redet man nicht drüber? Falsch! Denn nur, wer mit seinem Partner offen über sexuelle Vorlieben und möglicherweise sexuelle Probleme reden kann, hat auch die Chance, sein Sexleben zu verbessern. Wie weiß der Partner oder die Partnerin sonst, was einem gefällt und was er oder sie beim Sex lieber lassen könnte?

Studien haben dazu herausgefunden, dass Paare mit ihrem Sexleben dann zufriedener sind, wenn sie auch gemeinsam darüber sprechen. Und das ist auch logisch. Schließlich gefällt jedem etwas Anderes und vielleicht möchtest Du ja auch mal etwas ausprobieren, was ihr bis jetzt noch nicht gemacht habt?

Vielleicht möchtest Du eine bestimmte Art von Rollenspiel vorschlagen oder Sexspielzeuge mit ins Liebesleben einbringen? Sextoys können eurem Sexleben auch nach längerer Zeit wieder auffrischen. Für unser Gehirn werden neue Erfahrungen und Gefühle als spannend eingestuft. Wie kann euer Sexleben also spannend bleiben, wenn im Bett immer alles gleich abläuft?

Ein neuer Vibrator oder vielleicht sogar etwas Bondage-Spielzeug könnte hingegen etwas Schwung in euer Sexleben bringen und eure Lust mit neuen Reizen steigern.

Außerdem sind Sexspielzeuge heutzutage so leicht zu bekommen, wie ein Butterbrot. Im Internet stehen euch zahlreiche Online-Shops für Sex-Artikel zur Verfügung und auch in lokalen Läden kann man sexuelle Schätze fürs Schlafzimmer bekommen.

Dazu werden auch immer mehr Blogs über Sexspielzeuge und deren Verwendung geschrieben. Im Blog von Lovefreund könnt ihr zum Beispiel über verschiedene Sex-Techniken und Anwendungen verschiedenster Sexspielzeuge lernen!

Aber auch andere Aspekte sollten beim Sex in einer Ehe in Betracht gezogen werden. Ein häufiges "Problem" sehen viele Paare zum Beispiel bei dem Thema Sex und Kinderwunsch. Heute ist die Wahrscheinlichkeit schwanger zu werden am höchsten, aber irgendwie fehlt die Lust? Oder das Gedankenkarussell kreist einfach zu sehr, wenn ihr beim Sex nur an zukünftige Kinder denkt?

In diesem Fall kann euch wieder ein Gespräch weiterhelfen! Wie wollt ihr dieses Thema angehen? Wollt ihr mit der Berechnung des

Eisprungs die Wahrscheinlichkeit, schwanger zu werden, erhöhen oder soll es einfach so kommen, wie es kommt? Wie könnt ihr die Lust aufrechterhalten, wenn euch beim Liebesspiel immer wieder Gedanken einer möglichen Schwangerschaft in den Sinn kommen?

Vielleicht kann auch hier ein Sextoy helfen? Einige Leute behaupten sogar, dass die Wahrscheinlichkeit schwanger zu werden, erhöht wird, wenn die Frau ein Orgasmus hat. Wie wäre es also mit einem Penisring, um die Erektion in Stresssituationen aufrechtzuerhalten und ein Klitoris-Vibrator, um einen intensiven Orgasmus zu garantieren?

*Spielzeuge für Erwachsene*

Des Weiteren gibt es auch spezielle Sexspielzeuge, die euch das Sexleben im Alter erleichtern. Einige Leute behaupten, dass der Sex ab 40 einschläft, aber dazu muss es doch nicht kommen! Klar, kann es passieren, dass man nicht mehr so häufig Sex hat wie früher, aber viel wichtiger als die Quantität ist doch die Qualität!

Auch im Alter kann man noch mit verschiedenen Arten von Stimulationen experimentieren und sich sexuell weiterbilden. Wie wäre es, Sex an neuen Orten auszuprobieren, statt immer nur im Schlafzimmer hinter verschlossenen Gardinen? Auch die Küchenzeile kann sich für einen Quickie vor der Arbeit oder dem nächsten Meeting super anbieten! Zudem ist auch nichts daran verkehrt, anzügliche Filmchen zu schauen, um eure Lust anzuregen!

Vielleicht mangelt es euch aber auch gar nicht an Kreativität, sondern an physikalischen Fähigkeiten? Ihr seid nicht mehr so gelenkig und ausdauernd wie früher? Dann könnte regelmäßiges Yoga-Training oder das Üben von Kamasutra-Stellungen für euch das Richtige sein.

*Man(n) wird ja nicht jünger*

Ein anderes Problem, das bei vielen Paaren der Lust im Alter im Wege steht, sind jedoch auch erektile Dysfunktionen! Aber auch das kann man mit einem gesunden Selbstbewusstsein und den richtigen Mitteln beheben!

Am schlimmsten ist es, wenn man einfach nachgibt und einer "klappt ja eh nicht"- Einstellung folgt. Denn was mal geklappt hat, kann auch immer noch klappen!

Meistens ist es jedoch die Psyche und Selbstzweifel, die in diesem Fall den Männern im Wege steht. Und auch Frauen haben vor allem in den Wechseljahren oft mit einer trockenen Vagina zu kämpfen.

Glücklicherweise können sich aber heutzutage sowohl Frauen als auch Männer Hilfe helfen, um ihre Lust zu steigern und ein lustvolles Liebesspiel zu ermöglichen.

Mit einer Vaginapumpe kann das Wahrnehmungsempfingen beim Sex gesteigert werden.

Frauen haben zum Beispiel die Möglichkeit, Gleitgel aufzutragen, um das vaginale Einführen zu erleichtern. Zudem gibt es spezielle

Vaginapumpen, die die Schamlippen anschwellen lassen, um das Wahrnehmungsempfinden beim Sex zu steigern.

Männer können von ähnlichen Geräten profitieren. Sogenannte Penispumpen helfen ihnen, eine Erektion zu bekommen. Dafür wird die Pumpe über das Glied gestülpt und aufgepumpt, wodurch Unterdruck aufgebaut und die Blutzirkulation angeregt wird. Um die Erektion nach dem "Aufpumpen" aufrechtzuerhalten, kann anschließend ein Penisring helfen. Dieser verhindert das Abweichen von Blut und sorgt für einen leichten Blutstau, wodurch die Erektion aufrecht bleibt, und der Orgasmus hinausgezögert wird.

*Fazit: Sex und Ehe funktionieren, aber beide müssen es wollen*

Wie ihr sieht, gibt es also einige Dinge in Bezug auf Sex und Ehe zu beachten. Egal ob ihr frischen Wind ins Schlafzimmer bringen wollt, den Sex trotz Kinderwunsch genießen möchtet oder eure Lust im Alter steigern wollt; es gibt immer eine Lösung!

Das Wichtigste ist dabei, dass ihr über eure Vorlieben und mögliche Bedenken spricht und euch über eure Bedürfnisse austauscht. Viele Bedenken können bereits durch ein einfaches Gespräch aus der Welt geschaffen werden. In anderen Situationen könnte jedoch auch eine neue Einstellung gegenüber Sex helfen.

Vielleicht hilft es, neue Dinge im Schlafzimmer auszuprobieren oder neue Stimulationen mit Sextoys zu erkunden. Solange ihr beide eure Wünsche offen anspricht und euch die Zeit nimmt, euch auch die sexuellen Wünsche und Bedenken eures Partners oder eurer Partnerin anzuhören, steht euch einem glücklichen Sexleben nichts mehr im Wege.

Und wie ihr euch denken könnt, ist ein glückliches Sexleben ein guter Anfang, um auch ein glückliches Zusammenleben in eurer Ehe aufrechtzuerhalten!

## 24 – Diese Frauen werden für immer geliebt

Hinter jedem erfolgreichen Mann steht eine Frau. Aber auch hinter einem ahnungslosen Mann, der in den Wahnsinn getrieben wird, steht eine Frau. Jeder Mann liebt seine Frau, denn sie ist das wertvollste Geschenk, das ein Mann hat. Sie kümmert sich um ihn, betet ihn an und nervt ihn ganz bestimmt.

Eine gesunde Beziehung erfordert viel Arbeit und Anstrengung von beiden Seiten. Man muss die Macken des anderen akzeptieren und sogar versuchen, sie zu mögen. Wir wissen, dass diese weiblichen Angewohnheiten wie ständiges Nörgeln, Selfie-Sprüche, kindisches Verhalten, ewig langes Einkaufen usw. einen Mann wirklich abschrecken können.

Es gibt einige Angewohnheiten, die Männer an Frauen bewundern, auch wenn sie vielleicht etwas anderes behaupten. Hier sind also 6 solcher Angewohnheiten, die eine Frau unbewusst tut und die ihr Mann insgeheim mag:

*Wenn sie ihren Kopf in seiner Brust vergräbt*

Glaubt uns, Männer lieben das. So wie sie sich dabei sicher fühlt, fühlt er sich wichtig, stark und verantwortlich. Es ist nicht nur ein körperlicher Ausdruck der Liebe, sondern zeigt, wie sehr sie ihm vertraut, und er liebt es.


*Wenn sie mit seinen Haaren spielt, während er Auto fährt*

Das mag zwar lästig aussehen, aber es vermittelt ihm ein Gefühl tiefer Zuneigung, Liebe und Fürsorge. Es geht dabei nicht nur um das körperliche Vergnügen. Er liebt den unbekümmerten Ausdruck von Gefühlen selbst in solch unbedeutenden Momenten.


*Wenn sie ihn auf Social Media lobt*

Natürlich mag er öffentliche Bekanntmachungen von Wertschätzung. Egal in welchen sozialen Medien, er würde es lieben, wenn sie seine Bemühungen anerkennt. Das ist sehr ermutigend für ihn. Es gibt ihm auch ein großes Gefühl der Sicherheit, wenn seine Frau seinen Platz in ihrem Leben in der Öffentlichkeit anerkennt.


*Wenn sie ihm aufmerksam zuhört*

In jeder Beziehung ist die Kommunikation der Schlüssel. Genauso wie sie von ihm erwartet, dass er sich ihre täglichen Pannen anhört, möchte er, dass sie dasselbe für ihn tut. Das gibt ihm das Gefühl, geliebt zu werden, sich um ihn zu kümmern und wichtig zu sein. Selbst die unbedeutendsten und kleinsten Details seines

Tages gewinnen an Bedeutung, wenn es jemanden gibt, der ihnen aufmerksam zuhört.


*Wenn sie ihm schreibt/anruft, wenn er mit Freunden unterwegs ist*

Auch wenn er es nie zugeben würde, mag er es, wenn er weiß, dass sie an ihn denkt. Sie brauchen beide ihren persönlichen Freiraum, aber zu wissen, dass sie immer an ihn denkt, auch wenn er beschäftigt ist, gibt ihm ein Gefühl der Zugehörigkeit und Sicherheit. Dadurch wird die Beziehung nur noch besser.


*Wenn sie ihn öffentlich bewundert*

Es ist bekannt, dass Männer die öffentliche Zurschaustellung von Zuneigung hassen. Dies ist einer der Fälle, in denen die Fakten falsch sind. Sie mögen tatsächlich PDA. Wenn sie in der Öffentlichkeit seine Hand hält, ihm ein Küsschen auf die Wange gibt oder ihm mitten in der Schlange die Haare zerzaust, lässt das sein Herz höherschlagen, weil er sich einfach sicherer ist, dass er sie hat. Alle anderen werden davon wissen, und das wird die Sicherheit in der Beziehung nur noch verstärken.

## 25 – So sind die Männer programmiert

Es gibt mehr als nur ein Gesicht und einen Körper, nach denen ein Mann sucht. Ihr Aussehen mag der erste Grund für sein Interesse an einer Frau sein, aber es muss mehr sein, damit er sich tatsächlich mit einer einlassen möchte.

Ein Mann muss sich mit ihr wohlfühlen, mit ihr lachen können und eine Wärme empfinden, die sie für immer an ihn binden wird.

Lese weiter, um herauszufinden, wonach ein Mann bei einer Frau sucht, wenn er eine langfristige Bindung eingehen möchte.

*Langes und weiches Haar*

Es ist kein Geheimnis, dass langes und weiches Haar seit jeher ein Symbol für Weiblichkeit ist, und obwohl jeder Mann seine eigenen Vorlieben hat, wenn es um diese Dinge geht, ist es kein Geheimnis, dass langes, glänzendes Haar, durch das man mit den Fingern fahren kann, nichts anderes als extrem attraktiv ist. Ein Mann fühlt sich immer instinktiv zu einer Frau mit langem und üppigem Haar hingezogen.

*Ausdrucksstarke Augen*

Man sagt, dass die Augen das Fenster zur Seele sind, und sie haben recht. Ein Mann schaut Dir immer in die Augen, um zu sehen und zu verstehen, was Du in einem bestimmten Moment fühlst. Deine Augen dienen dem Mann als körperliche Anhaltspunkte, um herauszufinden, was Du fühlst und ob Dein Lächeln echt ist oder ob Du es nur vortäuschst.

*Körperliche Attraktivität*

Obwohl das Aussehen nicht alles ist, kann man seine Bedeutung bei der Partnersuche nicht vernachlässigen. Ein Mann wird Dich als Person kennen lernen wollen, aber erst nach einer ersten körperlichen Anziehung, aber das bedeutet nicht, dass Du Dir Sorgen machen müsstest. Schönheit liegt nicht im Gesicht, sondern in den Augen des Betrachters.

*Intellekt*

Wenn ein Mann sich mit einer Frau einlassen will, ist ihm der Intellekt der Frau wichtiger als ihr Aussehen. Ein Mann wünscht sich eine Frau, die seinem Intellekt entspricht und mit der er sich eine ganze Weile unterhalten kann. Es muss mehr geben als nur ein hübsches Gesicht, nach dem ein Mann bei einer Lebenspartnerin sucht.

*Lächeln*

Ein schönes Lächeln ist das Attraktivste, was eine Frau im Gesicht haben kann. Eine lächelnde Frau lässt einen Mann sich wohlfühlen und hilft ihm, seine Schritte zu machen. Ein Lächeln zeigt, dass Du eine Person mit einem sonnigen Gemüt bist, die selbst seine dunkelsten Tage aufhellen wird. Ein Lächeln ist eine Kurve, die alles geraderückt.

*Üppige Lippen*

Ein Paar üppiger Lippen lässt Dich „küssbar" aussehen. Sie müssen die Weichheit bewahren, denn im Idealfall würde kein Mann trockene, raue Lippen küssen wollen. Ein Lächeln, das von üppigen Lippen geziert wird, wirkt noch besser. Wenn Du wirklich geküsst werden möchtest, peppe Deine Lippen mit rotem Lippenstift auf und genieße die Aufmerksamkeit, die sie Dir bringen.

*Hohe Stimme*

Eine hohe Stimme wiederum wird mit Weiblichkeit assoziiert. Ein Mann findet eine Frau mit einer hohen und schrillen Stimme eher attraktiv. Das bedeutet jedoch nicht, dass heisere Stimmen nicht attraktiv sind. Hier bestätigt die Ausnahme die Regel.

*Selbstvertrauen*

Selbstvertrauen ist das Schönste, was eine Frau haben kann. Es gibt absolut nichts Attraktiveres als eine Frau, die selbstbewusst ist und keine Bestätigung von anderen Menschen braucht, um ihr bestes Leben zu leben.


*Sinn für Humor*

Niemand erinnert sich an ein langweiliges Gespräch oder genießt es. Ein guter Sinn für Humor macht Dich zu jemandem, mit dem es Spaß macht, zusammen zu sein, und die Fähigkeit, ihn zum Lachen zu bringen, ist etwas, wovon jeder Mann träumt, wenn er eine Partnerin hat. Eine lockere, entspannte Frau ist alles, was sich ein Mann wünschen kann.


*Tanzen*

Die Art und Weise, wie du dich auf der Tanzfläche bewegst, ist ein Hinweis darauf, wie du im Bett sein würdest. Deine Bewegungen wecken in einem Mann den Wunsch, mit dir intim zu werden, und zeigen ihm auch, dass es Spaß macht, mit dir zusammen zu sein.


*Loyalität*

Ein Mann möchte nicht, dass sein Herz gebrochen wird, und braucht daher die Gewissheit, dass Du loyal bist und zu Deinem Wort stehst. Baue sein Vertrauen auf, indem Du Dich an kleine

Dinge hältst, wie z. B. einfach pünktlich zu sein. Er muss wissen, dass Du nicht abtrünnig wirst, wenn die Dinge schwierig werden.


*Gute Zuhörerin*

Männer sind in der Regel nicht sehr gesprächig, wenn es um ihre Gefühle geht, aber sie brauchen jemanden, der ihnen hin und wieder zuhört. Man muss dem Mann das Gefühl geben, dass er jederzeit mit Dir über alles reden kann, was in ihm vorgeht. Während Du nur zuhörst, baut er eine Verbindung zu Dir auf.


*Zärtlichkeit*

Abgesehen von den gesellschaftlichen Normen der Männlichkeit müssen wir immer daran denken, dass ein Mann genauso viel Zuneigung braucht und will wie eine Frau. Sei zärtlich, kuschle und gib ihm Küsse. Er möchte sich geliebt fühlen.


*Ehrgeiz*

Eine Frau, der es an Ehrgeiz und Zielen mangelt, schreckt viele Männer ab. Das Letzte, was ein Mann will, ist eine Frau, die völlig von ihm abhängig ist. Männer fühlen sich immer zu Frauen hingezogen, die stark sind, die wissen, was sie wollen und die sich nicht scheuen, ihre Meinung zu äußern.

*Freundlichkeit*

Freundlichkeit ist eine sehr unterschätzte Tugend. Wie du andere behandelst, zeigt, wie du als Mensch bist. Wenn du freundlich zu anderen bist, zeigt das, dass du ein rücksichtsvoller Mensch bist und die Bedürfnisse anderer vor deine eigenen stellst, was äußerst attraktiv wirkt.

*Spontaneität*

So sehr es auch entspannend ist, drinnen zu bleiben, es wird schnell langweilig. Ein Mann will eine Frau, die ihn immer wieder überraschen kann. Küsse ihn wahllos, gehe mit ihm klettern, halte ihn auf Trab. Sorge dafür, dass es mit Dir nie langweilig wird.

*Gemeinsame Interessen*

Gemeinsame Interessen sind eine Notwendigkeit, wenn es darum geht, eine Bindung aufzubauen und eine langfristige Beziehung aufrechtzuerhalten. Sie helfen beiden Beteiligten, Wärme zu finden, und Ihnen wird nie der Gesprächsstoff ausgehen.

## 26 – Sagen Sie das besser niemals zu Ihrem Partner

Es gibt ein paar Sachen, die Sie laut Psychologen nie zu Ihrem Partner sagen sollten. Auch wenn Sie immer das Beste für Ihren Partner sein wollen, gibt es viele Dinge, die Sie am Ende tun oder sagen, und es wird ihn verletzt. Es ist besser zu schweigen, wenn man nichts Gutes oder Konstruktives zu sagen hat.

Jede Beziehung hat ihren eigenen Anteil an dummen Argumenten und großen Streitereien. Auch wenn es normal und gesund ist, sich zu streiten, muss man wissen, wo man die Grenze ziehen muss, bevor es zu spät ist. Worte kann man nie zurücknehmen.

*"Du machst immer ______________"*

Der Partner hat vielleicht einen großen Fehler, wie z. B. Dinge zu vergessen, aber man darf sich nicht jedes Mal, wenn ihr euch streitet, darauf konzentrieren, sonst fängt der Partner an zu glauben, dass Sie nichts Gutes in ihm sehen und Sie Sich nur auf das Schlechte konzentrieren. Das Schlimme daran ist, dass man vielleicht sogar anfängt, ihre vergangenen Fehler auszugraben, anstatt sich auf den aktuellen Zustand zu konzentrieren. Sie müssen sich daran erinnern, dass Sie auf die Situation selbst wütend sind, nicht auf Ihren Partner. Wenn Sie beides auseinanderhalten, werden Sie wissen, wie Sie schwierige Situationen angehen können, ohne den anderen zu verletzen.

"Sie sollten sich darauf konzentrieren, das Problem anzugreifen und nicht den anderen. Allzu oft greifen Menschen zu persönlichen Angriffen, um einen Streit zu gewinnen, doch damit fügen sie der Beziehung tiefen und verletzenden Schaden zu", stellen Psychologen fest. "Wenn Sie Sich nur auf die Sache konzentrieren und darauf achten, keine persönlichen Angriffe zu machen, stärken Sie ihre Beziehung und ihren allgemeinen Respekt füreinander."

*"Du machst nie___________"*

Dies ist eine weitere absolute Wahrnehmung Ihres Partners, von der Sie sich fernhalten müssen, damit Ihre Beziehung gedeihen kann. Menschen verändern sich, zum Guten oder zum Schlechten. Jemanden für etwas zur Rechenschaft zu ziehen, was er einmal getan hat, ist eine schreckliche Idee. Das führt nur dazu, dass die Person in die Defensive gerät und noch unvernünftiger wird, was den Boden für weitere Auseinandersetzungen bereitet. Es könnte sogar sein, dass sie dadurch sehr verletzt werden und sich von Ihnen distanzieren.

Sie müssen an dem wirklichen Problem arbeiten, um die Situation zu lösen, anstatt Ihren Partner zu beleidigen. Wenn Sie die Einstellung Ihres Partners verallgemeinern, fühlt er sich nur verurteilt und braucht dann viel Zeit, um sich Ihnen gegenüber wieder zu öffnen, weil er von Ihnen kritisiert wurde. Niemand mag es, sich in einer Beziehung kritisiert zu fühlen.

*"Es ist deine Schuld, dass ich unglücklich bin."*

Sie haben vielleicht wunderbare Erinnerungen mit Ihrem Partner verbracht, aber Sie sind auch sehr schnell dabei, ihn dafür verantwortlich zu machen, wenn Sie sich unglücklich fühlen. Vielleicht stresst Sie etwas, wie z. B. Ihr akademisches Leben, und als Bewältigungsmechanismus versuchen Sie, die Ursache in Ihrer Beziehung zu suchen. Das wird Ihnen aber nicht gelingen, denn das ist nicht die Ursache! Sie müssen sich auf eine sinnvolle Weise engagieren und versuchen, einen produktiven, gesunden Weg zu finden, damit umzugehen. Ihr Partner könnte sich abwenden, wenn Sie ihm die Schuld geben und ihn abweisen, weil Sie befürchten, nicht verstanden zu werden.

*"Ich fühle mich nicht mehr zu dir hingezogen."*

Es mag Zeiten geben, in denen Sie sich Ihrem Partner sexuell nicht mehr so verbunden fühlen, wie Sie es einmal waren. Das Schlimmste wäre jedoch, ihm gegenüber offen darüber zu sprechen. Öffnen Sie sich nur, wenn Sie wissen, dass es zu einem konstruktiven Ergebnis führen würde. Für etwas, das Sie vorübergehend empfinden, dürfen Sie ihm niemals das Gefühl geben, dass er schuld ist.

Das ist etwas, das schwer zu vergeben und zu vergessen ist, und muss daher um jeden Preis vermieden werden. Denken Sie realistisch und gehen Sie das Problem von einem konstruktiven Standpunkt aus an. Versetzen Sie sich in die Lage Ihres Partners. Wenn Sie den Gedanken nicht ertragen können, dass Ihr Partner Ihnen sagt, dass er Sie nicht mehr sexy findet, dann sollten Sie sich das auch einfach mal nicht mehr antun. Was Sie tun könnten, ist, ein neues Hobby anzufangen, einen Kurs besuchen oder ein paar Abende im Fitness-Center verbringen. Das stärkt ihr Selbstvertrauen und lässt sie gut aussehen.

*"Wie kann man nur so dumm sein?"*

Angenommen, Ihr Partner hat das Budget, das Sie für eine Reise festgelegt haben, überschritten. In seinem Kopf plant er vielleicht die beste Reise aller Zeiten und hat das Gefühl, er müsse Ihnen das Beste vom Besten bieten. Er hat es zu seiner eigenen Zufriedenheit getan. Wenn Sie ihm später sagen, dass er es übertrieben hat, wird ihn das nur verletzen. Hier ist Diplomatie gefragt.

## 27 - Dinge, die man in einer Beziehung nie sagen sollte, es sei denn, man will sie beenden

Wenn wir uns auf eine neue Beziehung einlassen, sind wir wahrscheinlich die beste Version von uns selbst: die verständnisvollste, höflichste und zuvorkommendste, die wir sein können.

Wir zeigen unser bestes Verhalten, aber mit der Zeit neigen wir dazu, Dinge zu sagen, die wir zu Beginn der Beziehung niemals sagen würden.

Zu sagen "Es tut mir leid" ist sicherlich keine schlechte Idee, aber manchmal reicht ein Einfaches "Es tut mir leid" nicht wirklich aus:

*"Ich habe es dir ja gleich gesagt."*

Das ist ehrlich gesagt das Unreifste, was man zu jemandem sagen kann. Lassen Sie diesen Satz in Ihrer Kindheit, wenn Sie als Erwachsener eine erfolgreiche Beziehung führen wollen. Er macht die andere Person nur wütend. Wenn Sie diesen Satz einmal zu oft sagen, wird sich die Person aufregen, weil sie das Gefühl bekommt, nicht klug genug zu sein. Empathie ist das, was man braucht, um eine erfolgreiche Beziehung zu führen und die geliebte Person nicht zu verärgern.

*"Du bist zu sensibel" oder "Beruhige dich"*

Noch nie in der Geschichte der Beruhigung hat sich jemand beruhigt, nur weil ihm jemand gesagt hat, er solle sich beruhigen. Wenn Sie Ihren Partner bitten, sich zu beruhigen oder ihm sagen, dass er überreagiert, sagen Sie ihm, dass seine Gefühle nicht wichtig sind, und das bedeutet letztlich, dass er nicht wichtig ist. Versuchen Sie zu verstehen, was Ihr Partner fühlt und warum er sich so fühlt. Strengen Sie sich an. Eine Beziehung braucht Arbeit. Man kann sich nicht mit halben Sachen in etwas so Sensibles wie eine Beziehung einarbeiten.

*"Du kannst dieses oder jenes nicht tun"*

Niemand möchte von seiner Partnerin oder seinem Partner kontrolliert werden. Es ist nicht möglich, dass Ihr Freund oder Ihre Freundin immer nur Dinge tut, die Sie mögen und wollen. Der Partner wird Dinge tun, die Sie nicht für klug halten, aber das bedeutet nicht, dass Sie ihm vorschreiben können, was sie zu tun und zu lassen haben. Sie sind kein Erziehungsberechtigter, also versuchen Sie nicht, sich wie ein solcher zu verhalten. Wenn Ihr Partner etwas tun will, was Sie nicht gutheißen, was ihn aber glücklich macht, müssen Sie ihn lassen.

*Alles, was mit "du immer" oder "du nie" anfängt.*

Verwenden Sie keine anklagenden Töne gegenüber Ihrem Partner. Wann immer Sie das tun, bringen Sie den Vertrauensfaktor in einer Beziehung durcheinander, das, was Sie am wenigsten in einer Beziehung durcheinanderbringen wollen. Seien Sie daher nicht unreif. Suchen Sie nicht immer nach Fehlern bei Ihrem Partner, sondern finden Sie heraus, woran es in Ihrer Beziehung mangelt, und arbeiten Sie gemeinsam daran. Nichts ist besser als Vertrauens- und Bindungsübungen.

*"Das ist mir egal"*

Es hat keinen Sinn, in einer Beziehung zu sein, wenn es einem egal ist. Es kann sein, dass es Ihnen tatsächlich nicht egal ist, aber Sie sagen das in der Hitze des Gefechts, aber denken Sie daran, dass Sie dann das Vertrauen Ihres Partners unwiederbringlich verloren haben und er Sie so weit wie möglich wegschieben wird.

*"Wenn du mich wirklich lieben würdest, würdest du..."*

Dies ist das Markenzeichen einer toxischen und dysfunktionalen Beziehung. Es ist wirklich unfair, eine geliebte Person unter Druck zu setzen und von ihr zu verlangen, dass sie Ihnen ihre Liebe beweist, denn das ist das Schlimmste, was Sie tun können. Liebe basiert nicht auf greifbaren Beweisen.

*"Wie auch immer"*

Der Schlüssel zu einer erfolgreichen Beziehung ist es, zuzuhören. Hören Sie Ihrem Partner zu, und schließen Sie ihn nicht einfach mit etwas so Respektlosem wie einem "Was auch immer" aus. Damit stoßen Sie Ihren Partner weg, und er hat das Bedürfnis, einen anderen zu finden und zu dem zu gehen, der ihm mehr Bedeutung beimisst.

## 28 - Toxische Beziehungsgewohnheiten

Beziehungen sind für viele Menschen etwas Großartiges! Ungut wird es dann, wenn sich die folgenden Verhaltensweisen einschleichen - die sind nämlich alles andere als romantisch!

Romantische Beziehungen können gerade in Zeiten wie diesen, wenn die Welt Kopf steht, ein großartiger Weg sein, Ruhe, Stabilität und Geborgenheit zu finden. Trotzdem ist es wichtig, sicherzustellen, dass sich nicht unbewusst schädliche Gewohnheiten zwischen dir und deinem Partner einschleichen.

Denn manchmal können jene Dinge, die wir in Beziehungen romantisieren oder als normal betrachten, tatsächlich ungesund sein und uns schaden.

*Den Partner sein "Ein und Alles" nennen*

Kennen wir zur Genüge aus sämtlichen Schnulzen der 1990er Jahre. Anders als vielleicht damals entlockt uns der Satz aber heute kein langgezogenes „Oooooh!" mehr, sondern eher ein skeptisches Stirnrunzeln. Warum? Wer seinen Partner zum Wichtigsten im Leben macht, vergisst – richtig – als erstes auf sich selbst. Wenn ein Mensch alles ist, ist alles andere dann ohne ihn nichts?

Sollte die Beziehung enden, was bleibt dann? Abgesehen davon, dass mit der Verleihung des Titels "Du bist mein Ein und Alles" dem anderen Part in der Beziehung – bewusst oder unbewusst – auch ein ganz schön großer Brocken Verantwortung umgehängt wird. Wenn das „Ein und Alles" enttäuscht, stürzt der andere in die Krise. Das ist nicht romantisch und auch nicht süß. Das ist definitiv ungesund.

*Von deinem Partner verlangen, deine emotionale Arbeit zu machen*

Ein anderer Mensch ist nicht für Deine emotionale Wellness verantwortlich. Niemand außer Dir selbst kann diese Arbeit für Dich machen.

Unserem Partner die Schuld an unseren Gefühlen zu geben, ist eine subtile Form von Egoismus und ein klassisches Beispiel von schlecht kommunizierten persönlichen Grenzen, aus der sich schnell Formen von Co-Abhängigkeit entwickeln können.

Übernimm Verantwortung für Deine Gefühle und erwarte dasselbe auch von Deinem Partner.

Es gibt einen kleinen, aber feinen Unterschied dazwischen, jemanden zu unterstützen oder emotional verpflichtet zu sein. Es ist ein Unterschied, ob man als eigenständige Individuen mit freiem Willen miteinander sein möchte oder weil man auf die Fürsorge des anderen Menschen angewiesen ist.

*Für das Glück des anderen verantwortlich sein*

Die Erweiterung von Punkt 2: Glücklich machen kann man sich nur selbst.

*Einfach alles gemeinsam machen und 24/7 Zeit miteinander verbringen*

Klar, es gibt unterschiedliche Nähe- und Unabhängigkeitsbedürfnisse. Wenn Batman aber nix mehr ohne Robin machen kann, sollten beide sich mal die Frage stellen, warum das so ist.

*Beziehungs-Fairness, die auf "Wenn du das machst, mach ich das" basiert*

Es gibt Paare, die stur nach „Wenn ich koche, wäschst du ab" verhandeln oder sich tatsächlich gestritten haben, weil der eine einen Kuchen gebacken hat und der andere sich dann weigert, abzuwaschen – weil er den Kuchen sowieso nicht essen mag.

Streits über Arbeit im Haushalt, oder wer wen öfter oral befriedigt: Fairness in einer Beziehung ist keine Strichliste.

*Den anderen ja nicht verletzten wollen*

Es geht hier nicht darum, jemanden schlecht zu behandeln. Wenn Du Deinem Partner am Ende des Tages nicht sagen kannst, dass er was im Gesicht hat oder dass du gerne mehr Zeit für dich allein haben willst oder mal mit deinen Freunden um die Häuser willst, dann ist das dein und nicht das des Partners.

*Romantische "Gesten" wie im Märchen*

Und der Versuch, sich Liebe zu erkaufen.

Urlaube, Statussymbole, ein Kind – und dann noch eines. Romantische Gesten, öffentliche Liebesbekundungen: Das klingt mehr nach Show als Beziehung.

*Es "durchstehen", obwohl dir die Beziehung nicht mehr guttut*

Was ist die Aussicht? Was soll sich in den kommenden fünf Jahren ändern, was es in den vergangenen zehn nicht getan hat?

## 29 - Die Todsünden in jeder Beziehung

Dies ist ein allgemeiner Beitrag, in dem ich versucht habe, die häufigsten Gründe für das Zerbrechen romantischer Beziehungen aufzulisten.

Wenn zwei Menschen verliebt sind, gehen sie eine Beziehung ein. Man könnte meinen, das sei ganz normal und ziemlich einfach, aber so einfach ist es nicht.

Der Grund dafür ist, dass eine Beziehung bedeutet, das Leben zu teilen… über den Zeitraum zu spekulieren macht keinen Sinn, das kann man kaum planen, aber ein paar ganz grundlegende Aspekte dazu liste ich hier auf.

Jemanden in seine Privatsphäre zu lassen, kann beängstigend sein. Es ist diese Angst, die zu Konsequenzen führt, an denen die Beziehung schließlich zerbricht. Gleichzeitig ist die Wahrscheinlichkeit hoch, dass die Liebe bestehen bleibt, wenn man diese Prüfung wie ein Feuerritual besteht.

Das sind jedenfalls für mich die 9 wichtigsten Dinge, die für eine Beziehung tödlich sind:

*Von Ihnen abhängig zu sein*

Laienhaft ausgedrückt: "Get a life".

Wenn Du Deinen Partner als jemanden betrachtest, der Dich aufmuntern muss, und Du Dich ausschließlich auf ihn verlässt, um glücklich zu sein, zu kichern und zu lachen, dann tut es mir leid, mein Freund, aber besorg dir ein eigenes Leben. Tue, was Dich glücklich macht, gehe einem Hobby nach oder suche Dir einen besseren Job, denn irgendwann wird Dein Partner Dich brauchen, um auch ihn aufzumuntern. Es ist also von größter Bedeutung, dass Du Deine eigene Freude findest.

Wenn Du darauf warten, dass jemand anderes Dich ständig glücklich macht, wirst Du vielleicht eine Zeit lang nicht glücklich sein.

"Darauf zu warten, dass jemand anderes Dich glücklich macht, ist die beste Art, traurig zu sein."


*Misstrauen*

Wenn es etwas Schlimmeres als Neid gibt, dann ist es Misstrauen. Und das kann sich in den kleinsten Dingen äußern. Von der Nichtweitergabe von Facebook-Passwörtern bis hin zu dem bloßen Verdacht, dass der Partner untreu ist - Misstrauen kann die schönste Beziehung im Handumdrehen versauern lassen.

Lerne, Deinem Partner zu vertrauen und ihn zu schätzen, und denke an seine Vorzüge und nicht an seine Nachteile. Denke eher an das, was Du an ihm magst, als an das, was Dir nicht gefällt. Solange man keine handfesten Beweise für die Untreue des

Partners findet, sollte man nicht zu viel darüber nachdenken. Es ist wahrscheinlich nichts.


*Nicht auf der gleichen Seite sein*

Nicht auf derselben Seite zu stehen, d.h. sich über die Erwartungen an eine Beziehung uneinig zu sein, ist wahrscheinlich einer der banalsten und traurigsten Gründe, sich zu trennen. Um dieses Auseinanderdriften zu verhindern, ist dies erforderlich, die wichtigste Säule jeder Beziehung: KOMMUNIKATION. Sprechen Sie über Ihre Erwartungen, bevor die Dinge sauer werden. Wenn Sie das nicht tun, geben Sie Ihren Partnern später auch nicht die Schuld.


*Schlechte Lebensentscheidungen*

Entscheidungen wie Alkoholismus, Glücksspiel, Drogen oder gewalttätiges Verhalten lassen sich niemals korrigieren. Mit ihnen kann man keinen Frieden schließen, egal wie viel Liebe zwischen Ihnen und Ihrem Partner herrscht.


*Verwandlungen*

Jeder hat den Satz "Menschen verändern sich, wenn sie verliebt sind", mindestens einmal in seinem Leben gehört. Das ist wahr. Der einzige Unterschied ist, dass die Liebe manchmal nicht stark genug ist, um einen anderen Menschen zum Besseren zu verändern. Manchmal bleibt ihre grundlegende Natur bestehen. Und das ist auch Niemandes Schuld. Ab einem bestimmten Punkt ist niemand mehr für den anderen verantwortlich.


*Hickhack*

Es geht nichts über ständiges Hickhack um die kleinsten Dinge; das führt dazu, dass man die Gesellschaft des anderen irgendwann hasst. Versuchen Sie stattdessen, sich aneinander anzupassen, und wenn Sie sich nicht einigen können, versuchen Sie, sich nicht zu streiten, es sei denn, es ist wirklich ernst. Versuchen Sie, nicht ständig zu streiten, das ruiniert nur die gemeinsamen Momente.


*Zeit*

Hier gibt es zwei Arten.  Zu viel, oder zu wenig.

Zu viel entspricht unserem ersten Punkt. Schaffen Sie sich ein Leben. Gehen Sie mit Ihren Freunden aus, haben Sie Spaß. Seien Sie nicht die ganze Zeit von Ihrem Partner besessen. Sie sind unabhängig und erwachsen und müssen Ihnen nicht die ganze Zeit Rechenschaft ablegen.

Die Kehrseite der Medaille ist, dass Sie zu wenig Zeit für Ihren Partner haben. Wenn Sie Ihren Partner wirklich mögen, werden Sie sich trotz Ihrer vollen Terminkalender Zeit für ihn nehmen. Wenn nicht, fragen Sie sich, ob Sie für diese Beziehung bereit sind oder nicht.

*Sich selbst belügen*

Fragen Sie sich, ob diese Beziehung Ihre Hingabe, Liebe und Zeit wert ist. Halbgare Beziehungen schaden beiden Parteien, auch wenn sie es nicht merken.

*Mangel an Anstrengung*

Wenn Sie aufhören, sich selbst zu belügen, sehen Sie selbst, ob Sie sich tatsächlich investieren und in die Beziehung einbringen, also alles von Ihrer Seite tun, damit es diesmal klappt. Da wir uns nicht mehr grundlegend verändern, scheitern wir oft an den gleichen Hürden. Wir müssen also bewusst Veränderungen herbeiführen und uns aus der Lethargie reißen.

## 30 - Die Feiertagsfalle

*Gründe, warum Paare über die Feiertage Schluss machen*

Viele Menschen wünschen sich gerade über Weihnachten einen Partner an ihrer Seite – für andere ist es oft gerade die Zeit, in der sie erkennen, dass eine Beziehung nicht mehr funktioniert.

Schluss machen über Weihnachten? "Äh, hallo?? Welches Monster würde sowas tun?", denken Sie? Sicher, zur besinnlichsten Zeit des Jahres die Beziehung zu beenden, klingt erst mal ziemlich hart, kommt allerdings gar nicht so selten vor. Warum? Das verrate ich Ihnen hier:

*Es ist Zeit für einen Neuanfang*

Eigentlich merkt Ihr schon seit Längerem, dass es zwischen Euch beiden nimmer so super funktioniert, Ihr habt den anderen aber immer noch gern und bringt es nicht übers Herz, kurz vor Weihnachten einen Schlussstrich zu ziehen? Damit seid Ihr nicht allein. So passiert es nicht selten, dass unglücklich Vergebene noch das Weihnachtsfest abwarten und dann kurz vor Silvester „das Gespräch" suchen. Gar nicht so blöd – so habt Ihr immerhin beide mit dem neuen Jahr die Chance auf einen Neuanfang.

*Euer Partner passt nicht in eure Familie*

Wenn ihr nur zu zweit seid, läuft eigentlich alles super – wenn euer Partner dann allerdings Eurer ganzen schrägen Familie ausgesetzt ist, passt irgendwie gar nix mehr. Der Partner kommt nicht mit dem derben Humor Deiner Geschwister klar, weigert sich, mit Euch *Das Traumschiff* zu schauen - außerdem hasst er Brettspiele? Wie konntet Ihr nur jemals glauben, dass Ihr zusammenpasst?


*Emotionen kochen hoch*

Okay, Ihr habt es eigentlich nicht so geplant, allerdings kommt plötzlich einfach alles zusammen. Die Feiertage und die Zeit davor sind für viele die stressigsten Tage im Jahr: Zahlreiche Deadlines wollen eingehalten, Geschenke besorgt, Familientreffen organisiert, Kinder belustigt und Erkältungen abgehalten werden – Ihr seid gereizter als sonst und reagiert in Konfliktsituationen extremer als Ihr es vielleicht unter anderen Umständen würdet. So kann ein "falsches" Wort bereits dazu führen, dass Ihr von einer Sekunde auf die andere beschließt, dass es Zeit ist, getrennte Wege zu gehen. Bei einer so kurzfristigen Entscheidung kann es allerdings passieren, dass Ihr es schon nach kurzer Zeit bereut. Also lieber nochmal durchatmen und nichts überstürzen.


*Ihr verbringt erstmals viel Zeit miteinander*

Euer Alltag ist dank Job, Uni, Freunden, Familie und Hobbys eigentlich ziemlich durchgeplant – die Zeit, die Ihr mit Eurem Partner verbringt, ist daher immer etwas Besonderes und die

Gesprächsthemen sind euch noch nie ausgegangen. Auf einmal sind allerdings die Feiertage da und Ihr habt viel mehr Zeit miteinander – natürlich kann Euch das noch enger zusammenbringen, manchmal ist aber genau das Gegenteil der Fall. Ihr stellt fest, dass Ihr vielleicht doch nicht so viel gemeinsam habt wie anfangs gedacht und aus dem romantischen Dinner wird eine eher verkrampfte Situation. Keine Seltenheit: Viele Paare bemerken über die Feiertage, dass sie vielleicht doch nicht füreinander bestimmt sind - und entscheiden bald, dass es wohl doch besser ist, die Beziehung zu beenden.

## 31 - Was Ihre Schlafposition über Ihre Beziehung aussagt

Wussten Sie, dass die Schlafposition einen direkten Einfluss darauf hat, wer Sie sind?

Wenn Sie zum Beispiel auf dem Rücken schlafen, sind Sie oft der starke, schweigsame Typ, und wenn Sie auf dem Bauch schlafen, sind Sie in der Regel ein offener, geselliger und verspielter Typ.

Was passiert also, wenn man verschiedene Schlafstile - und Persönlichkeiten - in ein Bett wirft? Oder besser gesagt, zwei verschiedene Persönlichkeiten in eine der intimsten und ehrwürdigsten Situationen, die wir Menschen erleben?

*Es ist eigentlich ziemlich faszinierend.*

Wenn wir schlafen, übernimmt unser Unterbewusstsein die Kontrolle. Aus diesem Grund kann die Körpersprache, die wir mit unserem Partner verwenden, während wir dösen, ein bemerkenswert präziser Weg sein, um zu beurteilen, was in unserer Beziehung vor sich geht.

"Selbst wenn man diese Dinge im Wachzustand nicht artikulieren kann oder will", sagt Patti Wood, eine amerikanische Expertin für Körpersprache mit mehr als 30 Jahren Erfahrung.

Viele andere Experten und Psychologen stimmen dieser Idee zu und haben Studien durchgeführt und Bücher zu diesem Thema geschrieben.

Sie haben die zehn beliebtesten Schlafpositionen für Paare herausgefunden, und die Geheimnisse, die sie über jede dieser Positionen herausgefunden haben, sind wirklich faszinierend...


*Der Löffel*

Laut einer Studie der Beziehungspsychologin Corrine Sweet wird diese Position nur von einem Fünftel (oder 18 Prozent) der Paare eingenommen und zeigt eine Dynamik, bei der "ein Partner eine schützende Haltung gegenüber dem anderen einnimmt."

Obwohl es süß ist, kann es auch ein wenig frech sein. "Es ist eine sehr verletzliche Position, die sexuell ist, aber auch sagt: 'Ich vertraue dir'", sagt Patti Wood.


*Der lose Löffel*

Neue Paare neigen dazu, im Bett den meisten Körperkontakt zu haben, aber sobald die Beziehung reifer wird, lässt die Neuheit des gemeinsamen Schlafens nach.

Der lose Löffel ist typischerweise das, was Paare, die Fans des Löffelns sind, schließlich tun, wenn ihre Beziehung reift und jeder Einzelne zu einer Position zurückkehren möchte, die die beste

Schlafqualität bietet, sagte Paul Rosenblatt, Autor von *Two in a Bed: The Social System of Couple Bed Sharing.*

Es ist wie der große Löffel, der sagt: "Ich halte dir den Rücken frei, du kannst dich auf mich verlassen", aber es ist nicht so sexuell wie das enge Löffeln, sagte Woods.


*Die Jagd*

Das ist wie das Löffeln, aber es ist, wenn eine Person die andere verfolgt. Eine Person hat sich auf die andere Seite des Bettes verzogen, und die andere Person "verfolgt" sie.

Das kann zweierlei bedeuten. Zum einen, dass die Person, die verfolgt wird, verfolgt werden will oder aber der Verfolger aufdringlich ist.

Zum anderen kann es laut Samuel Dunkell, dem Autor von *Sleep Positions: The Night Language of the Body*", kann es sich auch um "illegales Löffeln" handeln, weil sich die Person zurückzieht, weil sie Platz braucht.


*Der Knoten*

Diese äußerst intime Stellung ist noch seltener als der Löffel. Sie tritt in der Regel auf, wenn entweder intensive Gefühle im Spiel sind (wie nach dem Liebesspiel) oder am Anfang einer romantischen Beziehung.

Manche Paare behalten sie während ihrer gesamten Beziehung bei, aber das ist nicht unbedingt eine gute Sache. Laut Elizabeth Flynn Campbell, einer New Yorker Psychotherapeutin, "könnte das Paar zu sehr ineinander verstrickt sein, zu abhängig voneinander werden, um getrennt schlafen zu können".

*Der sich auflösende Knoten*

Diese Stellung beginnt mit der Verknotung, löst sich aber nach etwa 10 Minuten wieder auf, was ein Zeichen für eine stärkere Beziehung als die Verknotung sein kann. Dennoch nehmen nur acht Prozent der Paare diese zweiteilige Stellung ein. Dr. Sweet sagt: "Es ist ein Kompromiss zwischen Intimität und Unabhängigkeit, der das Beste aus beiden Welten ermöglicht."

*Die Freiheitsliebenden*

Wenn Sie und Ihr Partner mit dem Gesicht in entgegengesetzte Richtungen und mit etwas Abstand dazwischen schlafen - kein Grund zur Aufregung! Das ist eigentlich eine gute Sache.

Laut einer Studie der Beziehungspsychologin Corrine Sweet sind Paare, die Rücken an Rücken schlafen, ohne sich zu berühren, "verbunden und in sich selbst sicher". Diese Position zeigt sowohl Nähe als auch Unabhängigkeit in der Beziehung".

Sie ist auch sehr beliebt: 27 Prozent der Paare bevorzugen diese Schlafposition.

*Die Rückenküsser*

Wenn Sie Rücken an Rücken schlafen, sich aber mit dem Hintern oder dem Rücken berühren, ist das ebenfalls eine gute Sache - aber auch etwas Neues.

Laut Dr. Sweet bedeutet dies, dass "beide Partner entspannt sind und sich miteinander wohl fühlen". Diese Position ist jedoch eher bei neueren Paaren oder solchen, die noch nicht länger als ein Jahr zusammen sind, verbreitet als bei Paaren, die schon länger zusammen sind.

*Der Schmuser*

Diese süße Position, bei der ein Partner seinen Kopf auf der Brust des anderen ruht, während die Beine ineinander verschlungen sind, ist laut Dr. Sweet häufig in frühen Beziehungen und gelegentlich auch in wiederaufgelebten Beziehungen zu sehen.

Dies ist eine sehr nährende Haltung, die ein Gefühl des Schutzes vermittelt. Auch Shirley Glass, Psychologin und Kampfsporttherapeutin, stellt fest: "Hier herrscht ein hohes Maß an Vertrauen", da diese Kuschelposition "das Gefühl von Kameradschaft und Schutz verstärkt".

*Die Beinumarmung*

Wenn Ihr Partner mit Ihnen im Bett Füßchen macht oder seine Beine mit Ihren verschränkt, bedeutet das laut Wood, dass er sich nach einer emotionalen oder sexuellen Verbindung sehnt.

Verschlungene Beine sind auch ein Zeichen dafür, dass Sie beide nicht genug voneinander bekommen können - selbst, wenn Sie schlafen. "Es bedeutet, dass Ihr Leben miteinander verflochten ist und Sie als Paar funktionieren. Ihr beendet wahrscheinlich die Sätze des anderen und kümmert euch umeinander", sagt Wood.


*Der Raumgreifer*

Wenn ein Partner die "Seesternstellung" einnimmt, bei der er sich ausstreckt und das Bett in Beschlag nimmt, bedeutet dies, dass er zu Egoismus neigt - vor allem, wenn er beginnt, den anderen Partner zu schubsen, so dass dieser vom Bett herunterhängt.

Wenn dies in Ihrer Beziehung der Fall ist, ist es an der Zeit, ein ehrliches Gespräch zu führen.

"Ein Partner dominiert den Raum, während der andere eine untergeordnete Rolle einnimmt", sagt Sweet, und die meisten Menschen wollen nicht die zweite Geige spielen.

Wer in einer Beziehung dominiert, lässt sich auch daran erkennen, wo die Köpfe der Partner liegen, wenn sie schlafen.

Wenn die Köpfe eines Paares direkt nebeneinander liegen, bedeutet das, dass sie gleichberechtigt sind, und wenn sie sich berühren, ist das sogar noch besser - es ist ein Zeichen dafür, dass sie gleichgesinnt sind und wissen, was im Kopf des anderen vorgeht, so Wood.

Menschen, die näher am Kopfende schlafen, fühlen sich in der Regel dominanter und selbstbewusster, während diejenigen, die ihre Köpfe weiter davon entfernt platzieren, eher unterwürfig sind und ein geringeres Selbstwertgefühl haben, sagte sie.

## 32 - Was die Anzahl deiner Sexpartner über dich aussagt

Und warum viele Menschen lügen, wenn sie gefragt werden, mit wem sie bereits im Bett waren. Hand aufs Herz! Schon einmal gelogen, wenn jemand gefragt hat, mit wie vielen Menschen Du geschlafen hast? Oder warst Du mal auf einem Date, bei dem es Dich brennend interessiert hat, ob Dein Gegenüber noch Jungfrau ist? Für manche Singles ist diese Information essenziell. Sie könnte den Ablauf der Date Night bestimmen. Andere möchten die Antwort auf die Frage, wie oft und mit wem der Partner schon Sex hatte, gar nicht wissen. Ich versuche mal zu erklären, warum manche Menschen bei ihrer Antwort über die Anzahl ihrer Sexualpartner lügen und was es mit dem "Body Count" auf sich hat.

*Fragen auf eigene Gefahr*

Das Wichtigste zuerst. Der Begriff "Body Count" gibt an, wie viele Sexpartner jemand in der Vergangenheit hatte. Wenn Du also jemanden fragst, wie hoch sein Body Count ist und die Person mit "fünf" antwortet, ist sie eben bereits mit fünf Menschen im Bett gelandet. Hoffentlich! Vorausgesetzt er/sie sagt die Wahrheit und meint denselben Body Count, wie Du. Es könnte nämlich auch bedeuten, dass diese Person ein Mörder ist und fünf Menschen getötet hat, wie *Urban Dictionary* beschreibt. Die Wahrscheinlichkeit hier missverstanden zu werden, besteht aber meines Erachtens höchstens in den USA oder Kriegsgebieten.

Natürlich interessierst Du Dich für die Vergangenheit Deines Dates. Ein gesundes Hinterfragen und etwas Social-Media-Stalking gehören zum Kennenlernen im 21. Jahrhundert nun mal dazu. Im besten Fall machen wir gar nichts mit den erhaltenen Informationen.

Doch manchmal kann diese Neugierde zu einer intensiven Recherche führen. Deine Followers auf Instagram oder Facebook-Friends des Dates werden durchforstet und potenzielle Sexpartner identifiziert.

Worst case: Man wird eifersüchtig und hinterfragt den potenziellen Partner, sich selbst und die Beziehung. Willst Du also wirklich wissen, mit wem er/sie vor Dir alles geschlafen hat?


*Die Wissenschaft schläft nicht*

2018 hat eine Studie des Sextoy-Anbieters Beate Uhse AG ergeben, dass der Body Count der Partner viele Deutsche tatsächlich interessiert. Nicht nur das. Mehr als die Hälfte der 2000 Befragten gab an, über Details informiert werden zu wollen – wann und wie ihre Partner mit anderen Menschen intim waren. 29 Prozent der Teilnehmer hatten bereits gelogen, wenn sie gefragt wurden, wie hoch ihr Body Count war. Sowohl Männer als auch Frauen. Wobei Männer dazu tendieren, die Anzahl ihrer Sexualpartnerinnen zu erhöhen. Frauen hingegen gaben weniger Menschen an, mit denen sie im Bett waren. Slutshaming und Sexismus lassen grüßen.


*Was normal ist*

Sex ist völlig normal, solange er safe ist und alle Beteiligten es wollen. Der Body Count ist also erfundener Blödsinn, um besonders Frauen schlechter dastehen zu lassen. Daher sagt dieser Begriff nur eines aus: Nämlich wie viele Sexualpartner eine Person in der Vergangenheit eben hatte. Nicht mehr und nicht weniger. Es ist keine Information, über den Wert eines Menschen und kein Detail, das den Partner zwingend etwas angeht. Wer weiß, vielleicht hat eine Vorgängerin Deinem Partner etwas beigebracht, das Dich heute im Bett zum Stöhnen bringt? Reizender Gedanke, oder?

Das ist auch normal. Es kann eifersüchtig machen, zu wissen, mit wie vielen Menschen der Partner in der Vergangenheit bereits im Bett war. Du bist mit diesem Gefühl nicht allein. Ein Drittel der Befragten gab an, dass sie sich mit der Information über das vergangene Sexualverhalten des Partners nicht wohlfühlten. Es ist also eine relativ häufige Reaktion, die der Beziehung aber nicht im Weg stehen sollte.

Mein Rat: Jeder kennt sich selbst am besten. Man sollte keine Fragen stellen, wenn man Gefahr läuft, die Antwort nicht zu vertragen.

## 33 - 12 intime Fragen an Deinen Partner

Manche Paare reden zu viel, manche zu wenig. Aber wie so oft, macht auch bei Gesprächen mit dem Partner oder der Partnerin die Qualität den Unterschied, nicht die Quantität. Diese 12 Fragen sollten sich zwei Menschen stellen, um wirklich herauszufinden, wie es um ihre Beziehung steht.

Wer sich darauf einlässt, seinem Partner/seiner Partnerin die folgenden Fragen zu stellen und im Gegenzug auch selbst zu beantworten, hat die Chance, mehr über den geliebten Menschen, sich selbst und zu zuletzt die Beziehung herauszufinden - Voraussetzung: Offen sein, zu hören und die Antworten annehmen.

1. In welchen Situationen fühlst du dich von mir geliebt?

2. In Welchen Situationen fühlst du dich ungeliebt?

3. Berühre ich dich genug?

4. Gibt es etwas beim Sex, was du gern noch ausprobieren möchtest?

5. Bekommst du von mir genug Komplimente?

6. Denkst du, dass es etwas gibt, bei dem ich dir gegenüber nicht
ehrlich bin?

7. Wie bereichere ich dein Leben?

8. Glaubst du, dass wir zu viel Zeit miteinander verbringen? Oder
zu wenig?

9. Was hat dich in unserer Beziehung am meisten verletzt?

10. Bist du zu 100 Prozent davon überzeugt, dass ich treu bin?

11. Gibt es etwas in unserer Beziehung, was dir Angst macht?

12. Gibt es ein Verhalten an mir, das dich irritiert?


Wen bei diesen 12 Fragen die eigene Offenheit verlässt, der sollte
sich ernsthaft damit beschäftigen, wie wichtig ihm die aktuelle
Beziehung wirklich ist.

## 34 - Heirate niemals einen Mann mit diesen Gewohnheiten

Die Ehe ist eine der reinsten Formen der Beziehung zwischen einem Mann und einer Frau.

Ein gemeinsames Leben voller Liebe und Glück in der Gegenwart des anderen sollte jemanden wirklich, wirklich glücklich machen.

Doch in der heutigen Generation fallen Ehen auseinander wie ein Kartenspiel. Manchmal liegt es an äußeren Einflüssen, meistens aber daran, dass einer der Partner nicht so war, wie er sich selbst darstellte.

Die Tragödie in diesem ganzen Szenario ist, dass die andere Person für immer den Verlust an Vertrauen und Liebe zu beklagen hat, den sie auf Kosten einer anderen Person erleiden musste.

Hier habe ich ein paar Angewohnheiten einer Person zusammengestellt, bei denen ich rate, diesen Menschen nicht zu heiraten oder in eine langfristige Beziehung mit ihm zu investieren:

*Workaholic*

Es ist gut, sich verantwortlich zu fühlen und genug zu arbeiten, damit sowohl Du als auch Dein Partner ein angenehmes und stressfreies Leben führen können. Aber zu viel von allem ist schlecht, und wenn er zu sehr in die Arbeit verwickelt ist, hört er auf, sich auf den Grund zu konzentrieren, warum er arbeitet. Das ist der Zeitpunkt, an dem man sich fragen muss, ob man trotz seiner edlen Absichten mit ihm zusammen sein will. Es ist gut, wenn jemand beides unter einen Hut bringen kann und nicht nur seine Arbeit an erste Stelle setzt.

*Respekt*

Respekt ist alles. Wenn er Dich nicht respektiert, liebt er Dich nicht. Und wenn er Dich nicht liebt, hat es keinen Sinn, ihn zu heiraten, oder? Und lassen wir die Sache mit dem Missbrauch mal beiseite. Lasse das niemals zu, und wenn es doch passiert, gehe sofort!

*Konservativ*

Konservatismus ist der Blutegel, der jeder Beziehung die Energie entzieht. Wenn er nicht aufgeschlossen ist und eine pessimistische Einstellung zum Leben hat, ist er niemand, mit dem Du zusammen sein solltest. Ehrlich gesagt, bist Du ohne ihn besser dran.

*Ausreden, Ausreden und Ausreden*

Du bist nicht seine Lehrerin, die er ständig mit Ausreden beglücken muss. Du bist ihm ebenbürtig, und er liebt Dich, was bedeutet, dass er seinen Worten auch Taten folgen lässt und keine Ausreden erfindet, wenn er dazu nicht in der Lage ist. Manchmal reicht es schon, die Gründe zu nennen.


### Lügen

Bemühe Dich nicht einmal! Jemand, der seine Partnerin anlügt, ist es nicht wert, Zeit mit ihm zu verbringen. Du bist ohne ihn besser dran. Wenn er in Deiner Gegenwart nicht ehrlich sein kann, wo bleibt dann die Liebe? Du verdienst die Wahrheit, und nichts als die Wahrheit. Du solltest nicht mit jemandem zusammen sein, der Dich anlügt.


### Streitereien

Eine Beziehung bringt Streit mit sich. Wenn zwei Menschen zusammen sind, ist eine Meinungsverschiedenheit immer zu erwarten. Aber wenn er es zu weit treibt, es nie ruhen lässt, es immer wieder zur Sprache bringt und die Stimmung verdirbt, sollten die Alarmglocken läuten.


### Er hört nicht auf zu streiten

Das ist etwas anderes, denn hier streitet er die ganze Zeit. Jedes. einzelne Mal. Er weiß nicht, was er wirklich will, also kämpft er immer weiter. Für jede Kleinigkeit sei es sein Handtuch auf dem Boden oder sein Bier, das nicht kalt genug ist.

*Kein persönlicher Freiraum*

Er ist nicht Dein Hund, und Du bist nicht seiner. Du bist ein Mensch, der etwas Zeit für sich braucht, um sich zu erholen, zurückzublicken und einfach bei sich zu sein. Das funktioniert nicht, wenn er jede Ihrer Bewegungen verfolgt, auch wenn Du nur zur Arbeit gehst. Das kommt bei niemandem gut an, und es wäre besser, Du würdest ihn von einer Klippe schubsen.


*Anti-Tiere*

Ich werde es einfach sagen: Schmeiß ihn raus. Wirf ihn und seinen jämmerlichen Arsch zu Boden. Wie kann jemand keine Tiere mögen? Diese wunderschönen Huskys, mit ihren wunderschönen Augen. Wie kann man sie nicht mögen? Schmeißt ihn in einen Zoo.


*Betrug*

Er hat Dein Vertrauen und Deine Liebe gebrochen und ist dann in Dein Leben zurückgekehrt, als wäre nichts geschehen. Willst Du ihm wirklich eine zweite Chance geben? Wenn er einmal den Wunsch hatte, Dich zu betrügen, wird er es wieder tun. Und wer weiß, vielleicht betrügt er Dich ja immer noch. Du kannst niemandem vertrauen, der es von vornherein missbraucht. Wenn dieser jemand mit jemand anderem zusammen sein will, muss er zuerst die Beziehung beenden und darf sich nicht verstecken und fremdgehen. Hier fehlen jeder Charakter und jedes Schuldbewusstsein.

*Unreif*

Jemand, der sich wie ein kleiner Junge und nicht wie ein Erwachsener verhält, ist nicht der richtige Partner für Dich. Du brauchst eine verantwortungsbewusste, reife Person, die sich um Dich und auch um sich selbst kümmern kann.

## 35 – Vor der Hochzeit zu klären

Hochzeiten sind etwas Magisches, und die Ehe wird im Himmel geschlossen. Ja!

*Aber. Der Mensch ist dumm.*

Sie werden zustimmen, wenn Sie die Scheidungsrate unter den Deutschen sehen. Eine große Party, ein Satinkleid und ein Smoking sind schön und gut, aber was passiert, wenn der Reiz des Neuen nachlässt, wenn der Teil der Ehe eintritt, nachdem die Hochzeitsglocken aufgehört haben zu läuten?

Die einzige Möglichkeit, ein glückliches Eheleben zu gewährleisten, war, ist und bleibt die Kommunikation.

Der Austausch von Interessen, Geheimnissen, Ängsten, Details und vor allem des Lebens mit dem Ehepartner ist das, was Ehen lebenswert und langlebig macht.

Um Ihnen dabei zu helfen, haben wir eine Liste mit 18 Fragen zusammengestellt, die es Ihnen sicherlich leichter machen werden, die Dinge zu klären. Es gibt keinen Grund, alle Fragen an einem Abend zu klären, aber es sind achtzehn Bereiche, über die es sich garantiert zu sprechen lohnt, weil jeder Partner dabei für sich die Kenntnisse erlangt, wo man Gemeinsamkeiten hat, und wo Dissonanzen bestehen, die man zusammen ausräumen kann.


*Werden sie gemeinsame Freunde haben?*

Sehr wichtig und sehr heikel. Gemeinsame Freunde und ihre Voreingenommenheit gegenüber Ihnen oder Ihrem Ehepartner könnten darüber entscheiden, wer einen Streit gewinnt und welche Folgen er hat.

Außerdem wollen Sie kein völlig einsames und abgeschottetes Leben außerhalb Ihres Hauses; es muss eine gemeinsame Basis geben.


*Wo wollen sie ihre Fernseher in ihrem Haus haben?*

Klingt irgendwie seltsam, aber das ist wichtig. Davon hängt ab, ob Sie im Bett bleiben und fernsehen können oder nicht.

Es gibt viele Paare, die diesbezüglich regelmäßig Probleme miteinander haben.

Die einen bevorzugen einen festen Standort außerhalb des Schlafzimmers, die anderen wollen ihn dort haben.

Eines ist jedenfalls in allen Ländern gleich, der Fernseher reduziert Ihr Liebesleben deutlich.

*Mit der Gesundheit des Partners vertraut?*

Und mit Gesundheit meinen wir nicht nur die körperliche oder sexuelle Gesundheit.

Eine der schwierigsten Aufgaben der Welt ist es, der Ehepartner von jemandem zu sein, der zum Beispiel mit Depressionen kämpft.

Die geistige und emotionale Gesundheit ist genauso wichtig, wenn nicht noch wichtiger.

*Sind sie beide religiös?*

Auch dies ist ein heikles Thema und sehr subjektiv.

Es ist nicht so, dass Menschen, die in Bezug auf die Religion unterschiedlicher Meinung sind, nicht miteinander auskommen können, aber es ist immer klüger, sich im Voraus über die Haltung des anderen zu informieren.

*Haben sie ein ähnliches Finanzsystem (Ausgaben und Sparen)?*

Sie wissen, dass Finanzen und Geldangelegenheiten Freundschaften zerstören können?

Und was ist eine Ehe anderes als eine länger andauernde Freundschaft?

Ähnliche Ansichten über die Finanzen zu haben und sie auch tatsächlich gleichmäßig zu verteilen, ist eine der Säulen, die eine Ehe am Laufen halten.

*Was ist ihr Standpunkt in Bezug auf Zuneigung?*

Ganz einfach: ÖZZ oder nicht ÖZZ, das ist hier die Frage. Bei der Frage der „öffentlichen Zurschaustellung von Zuneigung" trennen sich nämlich die Geister.

Fragen Sie. Und verstehen Sie, wenn ihre Ansichten nicht mit den Ihren übereinstimmen.

*Mehr Karriere oder Familienleben?*

Der Satz "Seine/ihre Arbeit ist ihm/ihr wichtiger als ich" ist dank vieler Fernsehserien und -filme allzu häufig zu hören. Das wahre Leben sollte nicht so sein.

Fragen Sie, bevor Sie sich trauen lassen. Fragen Sie, wie wichtig ihnen ihre Karrieren sind.

*8. Sind sie bereit, für ihre Karriere umzuziehen?*

Ausgehend vom vorigen Punkt: Was ist, wenn ihre Karrieren große Prioritäten sind? Oder was ist, wenn sie irgendwo anders eine großartige Chance bekommen?

Wären Sie bereit, umzuziehen?

Oder was ist, wenn diese Dinge mit Ihnen geschehen? Werden sie bereit sein, umzuziehen?

*Reden sie beide genug über ihr Leben?*

Kommunikation kann entweder eine Treppe in den Himmel oder eine Einbahnstraße in die Hölle sein.

Achten Sie darauf, dass es nicht Letzteres ist.

*Sind sie beide mit ihren Entscheidungen in Bezug auf ihre Gesundheit einverstanden?*

Wichtig. Sehr wichtig.

Ich möchte zum Beispiel kein Passivraucher sein.

*Was ist ihre Meinung zu ihrer neuen Familie?*

Wenn zwei Menschen heiraten, nehmen sie, ob sie wollen oder nicht, jeweils eine neue Familie auf.

Es ist sehr wichtig, dass Sie beide einen Mittelweg finden, wen Sie mögen und wen nicht.

*Können sie mit denen, die sie nicht mögen, zivilisiert umgehen?*

Dies wird zukünftige Familientreffen erträglicher, wenn nicht sogar besser machen.

Je früher Sie das Thema ansprechen, desto besser, denn wer weiß, vielleicht gerät Ihre eigene Hochzeitsfeier in Unordnung.

*13. Welche Erwartungen haben sie in Bezug auf die Sauberkeit?*

Leben Sie einfach eine Zeit lang miteinander, um zu sehen, ob es wirklich funktioniert.

Streitereien über Hausarbeiten und alltägliche Aktivitäten können sehr unangenehm werden, weil sie so häufig vorkommen.

*Sind sie offen für Gespräche über sexuelle Bedürfnisse?*

Nichts ist trauriger als eine Ehe, in der beide Partner sexuell unzufrieden sind.

Sprechen Sie offen über Ihre Bedürfnisse und Wünsche und finden Sie einen Mittelweg.

*Gibt es Ansichten oder Überzeugungen, die ihnen besonders missfallen?*

Es gibt Dinge, zu denen Ihr Ehepartner vielleicht eine harte Meinung haben.

Dinge wie Veganismus. Sie sollten solche Ansichten respektieren und lernen, sich darauf einzustellen, wenn Sie eine funktionierende Ehe führen wollen.

*Erziehungspläne für die Zukunft?*

Dies ist eine der großen und offensichtlichen Fragen.

Willst du Kinder? Will er?

Wenn Sie beide Kinder wollen, wer kümmert sich um das Kind, wenn Sie beide berufstätig sind usw.

*Haben sie volles Vertrauen zueinander?*

Vertrauen und Unterstützung sind das Wichtigste in allen langfristigen Beziehungen.

Und jemanden zu haben, der Dich respektiert und Deinen Entscheidungen im Leben vertraut, ist sehr bereichernd.

*18. Bleibt ihr ein Leben lang zusammen, auch wenn ihr manchmal das Gefühl habt, dass es keinen Ausweg als die Trennung gibt?*

Eine weitere offensichtliche Frage.

Stellen Sie sicher, dass Sie beide auf derselben Seite stehen. Wenn auch nur der Schatten eines Zweifels besteht, verschieben Sie es, wenn es sein muss.

Verbindlichkeit ist etwas sehr Subjektives, und wenn Sie nicht beide die gleichen Vorstellungen davon haben, dann ist es das nicht wert.

## 36 - Ist es die wahre Liebe? Wie erkennt man das?

*Was ist Liebe?*

Als menschliche Rasse stolpern wir seit ewigen Zeiten über die Definition und das Streben nach Liebe. Dennoch scheint keiner von uns eine Ahnung zu haben, wo sie zu finden ist. Es gibt Online-Dating-Seiten und Offline-Apps. Es gibt verschiedene Konzepte, die in den Wind geschlagen werden. Aber was bedeutet es wirklich, dieses Gefühl der Liebe zu empfinden?

*Romantische Liebe.*

Das ist die Liebe, bei der man Schmetterlinge im Bauch hat, die einen an Sonnenuntergänge und ein Happy End glauben lässt. Du fühlst Dich so sehr zu dieser Person hingezogen, die die Welt in ihren Händen hält.

*Der Wunsch zu verschmelzen.*

So kitschig es klingt, aber wenn zwei Welten aufeinanderprallen, werden sie oft zu einem einzigen Raum. Im Laufe des Kennenlernens und Zusammenlebens werden Sie feststellen, dass Ihr ähnliche Muster, Vorlieben und Abneigungen übernommen habt. Ihr werdet nach und nach aufeinander abfärben, und das ist ein schöner Prozess, den man miterleben kann.

*Wir gegen den Rest der Welt.*

Ihr seid ein Team. Es gibt nichts, was Euch besiegen kann, solange Ihr zusammen seid. Selbst wenn Voldemort in Euer Zimmer käme und versuchen würde, Euch zu töten, wäret ihr sicher, weil die Liebe buchstäblich euer Horkrux ist.

*Sehnsucht zu erschaffen.*

Ihr werdet gemeinsam etwas erschaffen wollen. Paare adoptieren oft Haustiere oder bauen gemeinsam etwas auf. Natürlich ist das auch die Psychologie hinter dem Kinderkriegen. Sie werden mehr Dinge haben wollen, die Sie gemeinsam mit der Person, die Sie lieben, besitzen, hegen und verwöhnen.

*Desillusionierung.*

Liebe besteht nicht immer aus Schmetterlingen und Schneeflocken. Manchmal sind es nasse Handtücher auf dem Bett, auf dem Boden verstreute Hausschuhe und Anrufe, die unbeantwortet bleiben. Aber das gehört zur Liebe genauso dazu wie all die schönen Dinge. Man kann das Gute nicht ohne das Schlechte haben.


*Unvereinbarkeit.*

Es kommt eine Phase, in der wir denken, dass wir nicht gut zu unserem Partner passen und er nicht "der Richtige" für uns ist. Es ist wichtig, diese Phase durchzustehen, denn in den meisten Fällen geht sie vorbei. Sie werden nicht immer verliebt sein, aber es ist wichtig, Ihrer Beziehung eine Chance zu geben. Du willst die Liebe nicht wegen einer Laune verlieren.


*Unser verletztes Selbst entdecken.*

Man kann jemanden nicht besitzen, ohne seine Vergangenheit zu kennen. Das ist buchstäblich das, was ihn ausmacht. Wenn Du nicht verstehst, woher Dein geliebter Mensch kommt, seine Narben, seine Geschichte und die Kämpfe, die er ausgefochten hat, wirst Du ihn nie wirklich kennen.


*Umarmung der Krankheit.*

"In guten wie in schlechten Zeiten", richtig?

Krank zu werden ist kein Tabu. Wenn Dir das in einer Beziehung passiert, sagt das viel über Deinen Partner aus. Du wirst merken, wie er sich um Dich kümmert, sich Sorgen um Dich macht, nach Dir sieht und versucht, Dir das Leben zu erleichtern.


*Die Mathematik der wahren liebe und der süchtig machenden liebe lernen.*

½ x ½ = ¼. Dies ist die Gleichung für süchtige Liebe. Je länger wir in einer solchen Beziehung bleiben, desto weniger von uns wird übrigbleiben. Wir behandeln den Partner wie unseren Sauerstoff, nichts geht ohne ihn. Wenn der Partner allerdings eine Ergänzung ist, jedoch nicht das Einzige, wovon unser Leben abhängt, dann ist es wahre Liebe. 1+1=Unendlichkeit.


*Sich dem Geliebten zuwenden und sich verpflichten, ehrlich zu sein.*

Ehrlichkeit ist das, was eine Beziehung aufrechterhält. Komme was da wolle, Du entscheidest Dich, Deinem SO (aus dem Englischen „significant other" die Wahrheit zu sagen. Auch wenn es manchmal unangenehm wird, werdet Ihr die Dinge immer wieder ins Lot bringen.


*Liebe bedeutet, die Angst loszulassen*

Ihr seid nicht mehr ängstlich oder unsicher. Ihr vertraut einander vollkommen und zweifelt nicht unnötig aneinander. Irgendwo, tief in Deinem Inneren, bist Du <u>Dir</u> sicher, dass dies für immer ist, und du fragst nicht, ob Dein Partner Dich jemals loslassen wird.

*Akzeptieren, dass echte, dauerhafte Liebe eine Reise ist, kein Ziel.*

Du wirst auf dem Weg wachsen und lernen. Diese Reise hört nie endgültig auf. Es ist die schönste Reise, auf die Du Dich je eingelassen hast, und auch wenn sie von Zeit zu Zeit holprig sein mag, wird sie Dich immer wieder mit Freuden beschenken. Also schnall Dich an!

## 37 - Sogenannte „No-Goes"
Von Therapeutin Carrie Krawiec

Hier einige ernste Situationen, die Dein Partner niemals von Dir verlangen sollte und denen Du nicht indifferent gegenüberstehen solltest.

Jeder hat seine eigenen Vorstellungen einer perfekten Beziehung - diese sieben geschilderten Dinge sind aber unter keinen Umständen okay.

Jede Beziehung ist anders, und jeder Mensch hat andere Bedürfnisse in einer Liebesbeziehung. Man rauft sich zusammen und versucht, einander glücklich zu machen. Aber es gibt gewisse Verhaltensmuster, die niemals in Ordnung sind – egal, wer der Partner ist oder wie lange man schon zusammen ist. Manches mag offensichtlich sein, aber diese Dinge passieren immer wieder und immer wieder schleichend.

Augen auf und die Sinne geschärft, wenn Dein Partner folgende Verhalten an den Tag legt:

*Wutausbrüche und körperliche Gewalt ignorieren*

Unter keinen Umständen sollte Dein Partner Dich jemals darum bitten, seine Wutausbrüche zu ignorieren, runterzuspielen oder sogar die Schuld dafür zu übernehmen. „Der Partner bittet darum, dass der andere die Verantwortung für seine Taten übernimmt," sagt die Therapeutin Carrie Krawiec. „In einer gesunden Beziehung sollte jeder die Verantwortung für seine eigenen Handlungen, Gedanken und Gefühle tragen."

*Dich von deinen Freunden und Deiner Familie abwenden*

Niemals solltest Du das Gefühl haben, es sei nicht okay, Dich mit Deinen Freunden oder Deiner Familie zu treffen. Zeit zu zweit ist wichtig, Deine Beziehung darf aber nicht darüber bestimmen, wen Du wann treffen darfst. Das bleibt Deine eigene Entscheidung.

*Deine Erfolge runterspielen*

Dein Partner darf und muss stolz auf Dich und Deine Leistungen sein, keinesfalls sollte er sich bedroht oder minderwertig fühlen. „Das deutet darauf hin, dass sein unsicheres Verlangen, immer der Bessere zu sein, wichtiger ist als Dein eigenes Bedürfnis nach Anerkennung," sagt Krawiec. „Wenn Du Dich schuldig fühlst oder ärgerst, wenn Dir etwas Gutes widerfährt und Du es nicht mit Deinem Partner teilen willst oder kannst, bedeutet das ziemlich sicher, dass Deine Grenzen entweder von Deinem Partner vorgegeben oder von Dir selbst überstrapaziert werden."

*Deinen Job kündigen oder deine finanzielle Selbstständigkeit aufgeben*

Die Frauengenerationen vor uns haben es uns jahrelang eingebläut: *„Schau, dass'd nit abhängig bist von an Mann!"* Dein Partner sollte Dich niemals um die Kontrolle über Deine Finanzen fragen. Es macht Dich anfällig für Missbrauch und Abhängigkeit. Auch wenn nur einer von Euch beiden das Haushaltseinkommen erbringt, sollte die finanzielle Entscheidungsgewalt geteilt werden.

*Inakzeptables Benehmen seiner Freunde oder Familie hinnehmen*

Sticheleien seiner Freunde oder blöde Kommentare seiner Mutter – Dein Partner sollte nicht von Dir verlangen, über solche Dinge hinwegzusehen. „Inakzeptables Benehmen der eigenen Freunde oder Familie zu akzeptieren oder zu ignorieren, bedeutet nur, dass es ihm wichtiger ist, einer Konfrontation aus dem Weg zu gehen oder dass ihm diese anderen Beziehungen wichtiger sind als die Beziehung zu Dir."

*Dich von Grund auf verändern*

Deine Prinzipien, Deine Werte, Deine Überzeugungen definieren Dich – und Dein Partner sollte Dich genauso schätzen, wie Du bist. Ihr müsst Euch nicht in allem einig sein, aber tiefe Wertschätzung und Akzeptanz füreinander sind unerlässlich. Wenn er eine andere Person aus Dir machen möchte, was für einen Sinn hat die Beziehung dann eigentlich?

*Dich als Beziehungspuffer verwenden*

Kein „Sag meiner Mutter, dass...“! Dein Partner ist für seine eigene Kommunikation mit anderen verantwortlich, Du bist nicht sein Bote oder Puffer. Es ist nicht Deine Aufgabe, seine Kämpfe mit Familie oder Freunden auszutragen.

## 38 - Beziehungen vor dem AUS

Wenige Partnerschaften bekommen den Spagat hin, aus einer feurigen Beziehung über die Jahre unbeschadet den Wandel in eine harmonische Freundschaft zu vollziehen. Viel häufiger werden aus den Liebenden anschließend Menschen, die sich abgrundtief hassen. Eine Entwicklung, die mich immer wieder ins Erstaunen versetzt. Warum kann man nicht mit Respekt und Anstand das zu Ende führen, was einmal so erfolgversprechend begonnen hat. So kann man sich auch nach einer Trennung noch in die Augen schauen und weiß, man hat sich nicht jahrelang etwas vorgemacht.

Manchmal ist es tatsächlich besser, auseinander zu gehen, statt dem anderen die Zeit zu stehlen und sich selbst täglich nur durch eine Situation zu schleppen.

"It ain't over 'til it's over", singt Lenny Kravitz zwar, aber wir alle wissen: Unsinn! Manchmal ist es eigentlich schon früher vorbei, man will es sich nur nicht eingestehen.

Es gibt so rote Tücher. Missbrauch, Untreue oder fehlender Respekt voreinander. Hier ist es ganz klar, diese Beziehungskiste ist vorbei. Die meisten nicht-so-glücklichen Beziehungen befinden sich aber in einer Art Grauzone, in der man nicht so richtig weiß, warum man eigentlich noch zusammen ist, wohin das führen soll und ob man sich nicht eh schon längst entliebt hat.

Eine glückliche und stabile Beziehung braucht drei Eckpfeiler, wie die Familientherapeutin Angela Skurtu erklärt. Ein Paar braucht einen Sinn für Familie und Hingabe. "So ein 'Ich würde meinen Arm für diese Person opfern!', sagt Skurtu. Außerdem müsste man sowohl befreundet sein als auch die richtige Chemie miteinander haben. Es gibt Beziehungen, in denen das am Anfang alles wunderbar gepasst hat, aber im Laufe der Zeit ist einer der Punkte verloren gegangen.

Beziehungen verändern sich ständig, deswegen sind sie auch so harte Arbeit. Oftmals lohnt sich, um den Partner und die gemeinsame Zeit zu kämpfen. Manchmal ist dieser Kampf aber schon lange verloren und Ihr funktioniert als Paar einfach nicht mehr. Worauf man achten sollte:

Woran man merkt, dass eine Beziehung eigentlich schon vorbei ist.

1. Es ist "nur" noch Freundschaft

2. Dir ist schon alles egal

3. Du bist ständig genervt

4. Die Beziehung ist noch jung, aber die Streitereien sind schon ganz groß

5. Ihr habt nicht (mehr) dieselben Werte

## 39 - Selbstliebe der erste Schritt zu erfüllenden Beziehungen

Wie oft erwarten Sie von anderen, dass sie Sie bestätigen - dass sie Ihnen das Gefühl geben, dass Sie wichtig, wertvoll und würdig sind? Wie fühlen Sie sich, wenn Sie die Bestätigung und Anerkennung, die Sie suchen, nicht erhalten?

Wollen Sie Ihren Selbstwert wirklich in die Hände anderer legen? Wollen Sie wirklich, dass andere Menschen bestimmen, ob Sie in Ordnung sind oder nicht? Wollen Sie ein Opfer der Urteile anderer sein?

Wie oft haben Sie das Gefühl, dass Sie nicht gut genug sind oder dass Sie nicht gut genug aussehen, um anerkannt zu werden? Stellen Sie sich vor, wie anstrengend es wäre, Ihr Leben damit zu verbringen, sich Gedanken darüber zu machen, ob andere Menschen Sie wertschätzen oder nicht.

Es gibt nur eine Möglichkeit, diesen Kreislauf zu durchbrechen: Lernen Sie, sich selbst wertzuschätzen. Lernen Sie, sich selbst die Aufmerksamkeit, Anerkennung, Liebe und Akzeptanz zu geben, die Sie von anderen erwarten.

Sich selbst zu bestätigen, bedeutet nicht nur, in den Spiegel zu schauen und sich zu sagen, dass man ein wunderbares, schönes

Kind Gottes ist. Es geht nicht nur darum, sich den ganzen Tag über zu sagen, dass man in Ordnung ist.

Ihr inneres Kind - Ihre Essenz - wird Ihnen nicht glauben, wenn die Anerkennung von Ihrem begrenzten, programmierten Verstand (Ihrem vom Ego verletzten Selbst) kommt. Ihr programmierter Verstand ist wie ein Kind oder ein Jugendlicher. Wessen Meinung würden Sie wohl eher akzeptieren? Die eines Kindes oder die eines älteren, weiseren Menschen? Wahrscheinlich die letztere.


*Zwei Schlüssel zur Selbstbestätigung*

Der erste Schritt zur Selbstbestätigung besteht also darin, dass Sie lernen, die Wahrheit darüber, wer Sie sind, von Ihrem höheren Verstand aus zu erkennen - Ihrem entwickelten, spirituellen Selbst. Nur wenn die Wahrheit darüber, wer Sie sind, durch Sie selbst kommt, werden Sie sie auch glauben.

Die Wahrheit von deinem höheren Selbst zu hören, ist nicht so schwer, wie man vielleicht denken mag. Wenn es Ihre aufrichtige Absicht ist, die Wahrheit zu erfahren, werden Sie sie zu spüren beginnen.

Greifen Sie auf diese Wahrheit zu, indem Sie sich ein älteres, weiseres Ich vorstellen. Bitten Sie diese Version Ihrer selbst, Ihnen die Essenz Ihrer Seele zu offenbaren. Stellen Sie sich vor, dass Sie sich selbst als kleines Kind sehen können, bevor Sie gelernt haben, sich selbst zu beurteilen, zu untergraben oder abzuwerten. Stellen Sie sich all die Gründe vor, warum Ihr älteres, weiseres Selbst Sie bewundert.

Der zweite Schlüssel zur Selbstbestätigung liegt in der Art und Weise, wie Sie sich selbst behandeln. Es spielt keine Rolle, wie viele schöne Dinge Ihr höheres Selbst Ihnen darüber erzählt, wer Sie sind. Um diese Wahrheit zu verinnerlichen, müssen Sie aufhören, sich selbst zu verurteilen und sich auf zahlreiche andere Weisen aufzugeben. Wenn Sie Ihre Gefühle ignorieren, Ihre Gefühle mit Süchten betäuben und andere für Ihren Wert verantwortlich machen, bleiben Sie in einem Gefühl der Unwürdigkeit gefangen.

Sie müssen sich darin üben, sich selbst als wertgeschätztes Wesen zu behandeln. Je mehr Sie lernen, sich selbst zu sehen, zu lieben und wertzuschätzen, desto mehr Bestätigung werden Sie bei anderen finden.

Wenn Sie sich selbst auf lieblose Weise behandeln, laden Sie andere dazu ein, dasselbe zu tun. Wenn Sie lernen, sich selbst zu lieben und wertzuschätzen, zeigt die Energie, die Sie ausstrahlen, anderen, dass Sie es wert sind, geliebt und wertgeschätzt zu werden.

## 40 - Die glückliche Beziehung

Es gibt kein Paar, das sich zusammengefunden hat, um NICHT glücklich zu sein, wir alle erheben den Anspruch, in der Partnerschaft das Glück finden zu wollen. Warum auch nicht.

Wir möchten von unserem Partner vollkommen verstanden werden, darunter tun wir es nicht. Es muss einfach alles vollkommen sein, auch wenn wir dabei scheinbar vergessen, dass wir selbst alles andere als vollkommen sind. Es stimmt allerdings auch, dass in einer starken Partnerschaft durch das Zusammenspiel von Liebe, Verständnis und Toleranz von uns selbst eine bessere Version entsteht.

"Das Michelangelo-Phänomen"

Die Teilnehmer einer Studie wurden gefragt, was ihr "echtes Selbst" und was ihr "ideales Selbst" ist, und wie sie ihre Beziehung beschreiben würden. Außerdem sollten sie angeben, wie sehr sie sich wie sie selbst fühlen, wenn sie mit ihrem Partner/ihrer Partnerin zusammen sind. Das Ergebnis: jene, die angaben, dass sie sich mit ihren Partnern wie ihr ideales Selbst fühlen, hatten die authentischeren, glücklicheren Partnerschaften.

"Anders gesagt: wenn es um die Authentizität einer Beziehung geht, scheint es nicht so wichtig zu sein, dass wir so sind wie wir sind, sondern dass wir uns wie jene Person verhalten, die wir gerne sein würden", so die Forscher. Ein Ergebnis, das gut zum "Michelangelo-Phänomen" passt: demnach entwickeln wir uns mehr zu unserem idealen Selbst, wenn wir im Partner etwas sehen, das wir selbst gerne sein würden.

Hier Angewohnheiten von Menschen in glücklichen Beziehungen


*Sie machen sich in der Öffentlichkeit gegenseitig Komplimente*

Paare, die gesunde Beziehungen haben, reden positiv voneinander gegenüber Freunden, Kindern, Verwandten und auch Kolleginnen. Im Gegenteil dazu unterminieren sich Partner in funktionsgestörten Beziehungen regelmäßig. Kleine Gesten wie "Mein Mann macht das beste Abendessen" oder "Meine Frau ist handwerklich sehr begabt" können Nähe erhalten und die Verbindung pflegen.


*Sie nehmen sich auch in den stressigsten Phasen Zeit füreinander*

Menschen in gesunden Beziehungen haben auch im Alltagsstress regelmäßig Zeit füreinander eingeplant. Das kann ein Spaziergang mit dem Hund sein, ein gutes Gespräch, nachdem die Kinder schlafen gegangen sind, das gemeinsame Schauen der Lieblingsserie oder auch gemeinsam ein Buch lesen und darüber diskutieren.

*Sie lachen oft und aufrichtig miteinander*

Ernste Themen müssen natürlich auch besprochen werden, aber ein guter Sinn für Humor kann ein riesiger Gewinn für eine Beziehung sein. Menschen, die viel lachen und nicht alles so ernst nehmen, tun sich oft leichter mit gesunden Beziehungen.

*Sie schätzen die positiven Qualitäten ihres Partners, anstatt auf den negativen herumzuhacken*

Die meisten Paare haben eigentlich fast alle dieselben Probleme. Der Unterschied von gesunden Beziehungen ist, dass sie sich nicht aufs Jammern konzentrieren. Stattdessen fokussieren sie sich auf die guten Dinge, die ihr Partner macht und legen viel Wert auf das Artikulieren von Wertschätzung.

*Sie machen Einfühlungsvermögen zu einem Schwerpunkt und setzen sich in ihren Partner hinein*

Durch Empathie kann man viele Missverständnisse - die ganz normal sind und oft in Beziehungen vorkommen - überkommen. Durch dieses Konfliktmanagement-Werkzeug fühlt sich der Partner gehört, verstanden und wertgeschätzt. Eine Möglichkeit kann sein, zu sagen: "Ich bin hier zwar nicht mit dir einer Meinung, aber ich verstehe dich und kann mir vorstellen, wieso du dich so fühlst."

*Sie lassen ihren Partner immer wissen, wann sie heimkommen*

Ein häufiges Problem in Beziehungen ist, wenn ein Partner das Gefühl hat, nichts mitzubekommen und keine Priorität zu sein. Ein simpler Anruf oder eine SMS darüber, wann man von der Arbeit oder dem Mädels Abend heimkommt, hilft der Beziehung und der Partner fühlt sich sicher.

*Sie halten ihre Konflikte sauber*

Das bedeutet keine Beschimpfungen, abfälligen oder herablassenden Kommentare, egal ob die andere Person gerade anwesend ist oder nicht. Viele Menschen werden sarkastisch, machen bissige Kommentare oder machen den anderen nieder und relativieren es dann, weil es "nur ein Scherz war". In gesunden Partnerschaften gehen beide immer respekt- und liebevoll miteinander um.

*Sie vergeben sich und halten sich gegenseitig keinen alten Groll vor*

Konflikte kommen in jeder Beziehung vor, aber sie muss nicht von emotionaler Distanz begleitet sein. Die gesündesten Paaren schaffen es, ihr gemeinsames Leben zu genießen, obwohl sie vor einer Stunde noch einen Streit ausgetragen haben.

*Sie hören niemals auf, miteinander zu flirten*

Flirten ist eine einzigartige Art und Weise, sich zu zeigen, dass man noch immer Spaß daran hat die andere Person zu sehen. Wenn Paare aufhören zu flirten, wird die Beziehung schnell öd und langweilig. Die gesündesten Paare flirten lange und viel miteinander.

## 41 - Geheimnisse, um eine Frau zu werden, die kein Mann verlassen kann

Beziehungen sind eines der größten Geheimnisse unserer Zeit, oder?

Viele Beziehungen sind anfangs wie ein Märchen. Zu Beginn einer Beziehung schenken Sie Ihrem Partner Ihre ganze Aufmerksamkeit und versuchen, alles zu tun, um ihm zu gefallen. Aber mit der Zeit, wenn die erste Anziehungskraft nachlässt, werden Sie das anfängliche Glück nicht mehr finden, und das ist der Zeitpunkt, an dem Konflikte aufkommen.

Die meisten dieser Probleme entstehen nicht, weil Ihr Partner Sie betrügt oder das Interesse an Ihnen verloren hat, sondern diese Probleme sind das Ergebnis von falscher Kommunikation, Gleichgültigkeit und Ihrer Selbstliebe. Wenn Du stundenlang keinen Anruf von ihm bekommst, wirst Du beim nächsten Mal, wenn er Dich anruft, wütend auf ihn. Aber warum konntest Du ihn nicht anrufen und ihm sagen, dass Du ihn vermisst und dass Du ihn sehr liebst? Nun, die meisten Beziehungen zerbrechen wegen dieser Kleinigkeiten.

Wir erwarten von unseren Partnern, dass sie hinter uns her sind und ihre ganze Zeit und Aufmerksamkeit für uns aufwenden. Doch wenn Du Deine Denkweise änderst, kannst Du in Eurer Beziehung wahre Wunder bewirken.

Die Sache ist die, dass Beziehungen und Liebe niemals gleichgesetzt werden können. Liebe kennt kein Alter, Beziehungen hingegen erfordern ein gewisses Maß an körperlicher, geistiger, sozialer und sogar sexueller Stabilität.

Hier sind also ein paar Dinge, die Du tun kannst, um Eure Beziehung zu verbessern und die Frau zu sein, die kein Mann je wieder loslassen will.


*Bewahre die Ruhe.*

Die meisten Männer mögen keine Frauen, die sich schon bei den kleinsten Dingen aufregen und an allem, was sie tun, etwas auszusetzen haben. Versuche immer, ruhig und gelassen zu bleiben. Das wird Dir nicht nur dabei helfen, einen guten Überblick zu behalten, sondern auch, ein besserer Mensch zu werden. Wenn Du jemand bist, der ständig mit Wut zu tun hat, dann versuche, Deine Einstellung und die Art, wie Du die Dinge betrachtest, zu ändern. Du kannst auch Atemübungen, Meditation oder Yoga versuchen.


*Zeigen Sie Ihre Intelligenz.*

Die meisten Männer ziehen es vor, dass ihre Frauen intelligent sind. Sie schätzen nicht nur das Aussehen einer Frau, sondern auch ihren Verstand. Sie sind sich der Tatsache bewusst, dass das Leben mit einer intelligenten Frau viel einfacher wird. Zeige also Deinen Verstand und bring Deinen Partner zum Lachen.

*Sei ehrlich und unterstütze ihn.*

Stell Dir nur vor, wie Du Dich fühlen würdest, wenn er nicht ehrlich zu Dir wäre? Die gleichen Gefühle gelten auch für ihn. Auch er mag es nicht, wenn Du lügst und versuchst, ihm etwas vorzumachen. Sage immer die Wahrheit, egal wie schwer es ist. Das wird ein starkes Fundament für eine lebenslange Beziehung legen.

Das größte Geschenk, das eine Frau ihrem Mann machen kann, ist die Unterstützung, die er braucht. Versuche immer zu verstehen, wer er ist, und versuche, ihn in allen möglichen Situationen zu unterstützen. Du können ihn motivieren, seine Ziele zu erreichen, und ihn wissen lassen, dass Du immer für ihn da sein wirst, egal wie schlecht die Dinge auch sein mögen.

*Sei zärtlich und fürsorglich.*

Männer lieben Frauen, die freundlich und liebevoll sind. Sei immer aufmerksam und zeigen, dass Du Dich wirklich um ihn kümmerst. Kümmere Dich nicht nur darum, was er isst und trinkt, sondern achte auch darauf, wie er sich fühlt und überschütte ihn immer mit Deiner Liebe. Je intimer Du mit ihm bist, desto schöner wird das Leben sein.

*Behalte Deinen Humor.*

Das Attraktivste an einer Frau ist ihr Sinn für Humor und ihre positive Lebenseinstellung. Männer mögen es, mit Frauen zusammen zu sein, die glücklich sind und positive Stimmung verbreiten. Anstatt über das zu jammern, was man nicht hat. Sei immer mit dem zufrieden, was Ihr habt, und je positiver Du Dein Leben siehst, desto wohler wirst Du Dich fühlen.

*Seien Sie romantisch.*

Wenn die Beziehung erst einmal stabil geworden ist, vernachlässigen viele Frauen die Romantik und die Liebe in ihrer Beziehung. Aber das ist nichts, was Du wirklich tun solltest. Flirte immer mit ihm und scheue Dich nicht zu sagen, dass Du ihn vermisst. Du kannst ihm sein Lieblingsgericht kochen und ein nettes Gespräch mit Dir in einer sternenklaren Nacht ist für ihn viel wertvoller als alles andere auf der Welt.

*Sei selbstbewusst.*

Männer lieben Frauen, die selbstbewusst sind. Wenn Du selbstbewusst bist, hilft das automatisch, Deine Selbstachtung zu steigern, und niemand wird versuchen, eine respektable Frau zu demütigen. Versuche also, selbstbewusst zu sein, bei allem was Du tust und egal welche Entscheidungen Du treffen musst.

*Behalte Seine Geheimnisse für Dich.*

Männer lieben Frauen, die ihnen mehr vertrauen als alle anderen. Also teile die kleinen Geheimnisse zwischen Euch beiden nicht mit jedem. Er wird sich sicher schlecht fühlen, wenn er von anderen Eure Geheimnisse erfährt. Versuche also, eine kleine Welt zu schaffen, in der es nur Euch beide gibt, und je mehr Ihr Euch gegenseitig vertrauen könnt, desto schöner wird Euer Leben sein.

## 42 - Authentisch sein in der Beziehung – Ehrlichkeit sich selbst gegenüber

Von Uwe Hempel Beziehungscoach

Um eine glückliche, langjährige Partnerschaft zu führen, muss man in der Beziehung authentisch sein. Dafür braucht es vor allem eines: Ehrlichkeit. Damit ist nicht die Ehrlichkeit gemeint, die beinhaltet den Partner nicht anzulügen (obwohl das bestimmt auch von Vorteil für die Beziehung ist), sondern jene Ehrlichkeit, die man sich selbst gegenüber anwendet.

Denn die meisten Beziehungsprobleme lassen sich darauf zurückführen, dass keiner von beiden sagt, was er möchte. So entsteht mit der Zeit eine tiefe Unzufriedenheit, die sich in wiederholten Streitereien äußert. Diese führen letztendlich meistens zur emotionalen Entfernung der Partner voneinander und schließlich zur Trennung. Authentisch sein in der Beziehung bedeutet also, sich selbst gegenüber ehrlich zu sein, die eigenen Emotionen zu kennen und zu lernen, diese angemessen zu kommunizieren.

*Was ist Authentizität und wie wird man authentisch?*

Um in einer Beziehung authentisch sein zu können, muss man zuallererst verstehen, was das genau bedeutet. Authentizität ist jedenfalls eine Folge der Selbsterkenntnis. Denn zuerst müssen wir uns selbst genau kennen und lernen, unsere Emotionen richtig zu deuten und zu akzeptieren. In einem zweiten Schritt müssen wir den Mut aufbringen, unser Inneres auch nach außen zu kommunizieren.

Wenn authentische Menschen handeln oder sprechen, ist dies nicht von äußeren Einflüssen bestimmt. Sie kommunizieren aus sich selbst heraus und teilen ihre Gedanken, Wünsche und Gefühle offen und ehrlich in menschlichen Beziehungen. Sie wirken dadurch nahbar, sympathisch und offen. Ihre Kommunikation ist kongruent, was bedeutet, dass sie auf allen Kommunikationsebenen dasselbe ausdrücken. Denn wir kommunizieren nicht nur mit Worten, sondern auch zwischen ihnen und natürlich mit unserer Körpersprache. Versuchen wir etwas zu sagen, was nicht unserem inneren Gefühl entspricht, sind die Kommunikationskanäle nicht miteinander im Einklang. Authentizität heißt also, auf allen Ebenen kongruent zu kommunizieren und das wiederum erfordert, dass wir unsere Gefühlswelt genau kennen.

Authentisch zu werden erfordert also zuallererst ausgiebige Selbstreflexion. Wir müssen uns fragen, was wir empfinden und diesen Gefühlen auf den Grund gehen. Dann sind wir auch in der Lage, uns und unsere Ansichten nachvollziehbar zu kommunizieren.


*Authentizität muss man zulassen*

Wir werden nicht im Neocortex authentisch, sondern müssen unsere beiden Gehirne – den Neocortex und das limbische Gehirn

– in Einklang bringen. Das bedeutet, dass wir das Kognitive mit dem Emotionalen verbinden müssen. Unsere Gedanken und unsere Gefühle müssen harmonisch sein. Erst dann können wir uns so verhalten, wie es unsere Gefühlswelt vorgibt.

Um in der Beziehung authentisch zu sein, müssen wir also unsere angeborene emotionale Intelligenz zulassen. Sie ist in jedem Menschen vorhanden, doch nur allzu häufig von äußeren Einflüssen verdeckt. Wir lernen schon von Kindesbeinen an, unsere Gefühle zu verbergen. Wir lernen, dass einige unserer Gefühle nicht gesellschaftsfähig sind und wir erfahren wegen ihnen Ablehnung.

Wir haben vielleicht schlechte Erfahrungen gemacht und dadurch verinnerlicht, dass wir – so wie wir sind – nicht gut genug sind. Deshalb finden wir Mittel und Wege, um uns vermeintlich besser zu machen oder andere zu manipulieren, damit sie uns mögen. Das sind natürliche Mechanismen, die durch Lernen entstanden sind, die jedoch in Sachen Authentizität sehr hinderlich sind. Erst wenn wir diese Denkmuster und Strukturen verstehen und sie als hinderlich begreifen, können wir sie überwinden. Dann haben wir Zugang zu unserem Gefühlsleben und sind in der Lage, authentisch zu sein in der Beziehung.

Es geht also sehr viel darum, zuzulassen: Authentisch sein ist vergleichbar mit dem Flow beim Laufen. Man kann ihn nicht erzwingen. Er kommt von ganz allein, man muss ihn nur zulassen.


*Authentisch sein: Beziehungen verbessern*

Wie wirkt sich authentisches Verhalten nun konkret auf menschliche Beziehungen aus? Um diese Frage zu beantworten, müssen wir nur unsere eigenen Kontakte betrachten. Jeder kennt Menschen, die widersprüchliche Signale senden. Das kann zum Beispiel der Chef sein, der ein Lob ausspricht, von dem man genau weiß, dass er lediglich „Mitarbeitermotivation" betreibt. Das kann aber auch die Partnerin sein, die auf die Frage nach ihrer Befindlichkeit mit einem unglaubwürdigen „Ja, alles super." antwortet. Hier stimmt die verbale Aussage nicht mit den nicht-verbalen Kommunikationskanälen überein, sie sind also inkongruent und nicht authentisch. Das Gegenüber nimmt diese Diskrepanz meist sofort wahr und reagiert ablehnend.

In einer Partnerschaft führt ein solches Verhalten oft zu Konflikten: Ein Partner spürt zwar vielleicht, dass es ein Problem gibt, weiß aber nicht welches und der andere Partner spricht nicht darüber. Das erzeugt Unzufriedenheit und eine distanzierte Atmosphäre – also genau das Gegenteil von dem, was eine glückliche Beziehung ausmacht.

Authentisch sein in der Beziehung heißt also, dass man seine Gefühle offen anspricht und sie dem Partner mitteilt. Es bedeutet, sich nicht zu verstellen und sich voll und ganz seinem Gegenüber zu öffnen. Erst dann wird es möglich, gemeinsam Problemlösungen zu finden und Konflikte zu vermeiden.


*Authentische Menschen sind glücklicher*

Authentizität ermöglicht aber nicht nur bessere Beziehungen, sondern macht auch allgemein zufriedener. Denn erst wenn wir in

Kontakt mit uns selbst und unseren Emotionen sind, können wir in unserem Leben die richtigen Entscheidungen treffen. Wenn wir authentisch sind, wissen wir intuitiv, was uns guttut und was wir uns wünschen. Wir können uns darauf fokussieren, uns selbst zu verwirklichen und ein ehrliches und offenes Leben zu führen.

Auch für den Partner ist es eine enorme Erleichterung, mit einem authentischen Menschen zusammen zu sein. Probleme können sich so erst gar nicht zu unüberwindbaren Mauern aufbauen, denn es wird miteinander gesprochen und es können Lösungen gefunden werden. Außerdem fällt es auch dem Partner leichter, sich einer authentischen Person zu öffnen: Dann kann derjenige sicher sein, dass die Reaktion auf seine Gefühle verständnisvoll und ehrlich ist.

Authentisch sein in der Beziehung ist also der Schlüssel für eine langjährige und glückliche Partnerschaft – denn erst so wird es möglich, eine gesunde und wertschätzende Kommunikation zu führen.


https://hmp-coaching.de/authentisch-sein-beziehung

## 43 – Das verstehen Männer nicht

Frauen haben es im Leben wirklich schwer. Die Gesellschaft, unsere Kultur und sogar ihre Familien haben sie immer ausgegrenzt und Dinge wie Ehrgeiz, Ruhm und Ehre allein den Männern vorbehalten.

Es hat furchtbar lange gedauert, bis Frauen Dinge bekamen, die Männern leichtfielen, wie z. B. das Recht auf eine höhere Bildung, das Wahlrecht, das Recht, eine andere Frau zu lieben, das Recht auf einen Arbeitsplatz, kurz gesagt, das Recht, als jemand zu existieren, der unabhängig von Männern und deren Herrschaft ist.

Doch im Laufe der Jahre haben sich diese Ängste in den Frauen aufgestaut. Es ist vergleichbar mit einem Damm: Je mehr man ihn aufstaut, desto schlimmer wird die Flut, wenn sie kommt.

Das Ergebnis ist, dass Frauen überwältigt sind. Sie haben Angst. Sie haben Angst vor Männern, vor der Gesellschaft und vor der Familie.

In dieser Debatte müssen wir jedoch auch die andere Seite einbeziehen, die Seite der Männer, die sich oft fragen, was genau ein wirklich unlogisches Verhalten rechtfertigt, wie zum Beispiel Folgendes.

*Stereotypisierung von Männern*

Vielleicht haben Sie schon einmal gehört, dass "alle Männer gleich sind". Nun, für Frauen ist die Verallgemeinerung seltsamerweise kein Problem. Sie dürfen Sie im Grunde mit dem Abschaum der Welt vergleichen und Sie herabsetzen, indem sie sagen, dass "Männer Abschaum sind" und mit all dem wie in einem Traum davonkommen. Seltsam, nicht wahr?

*Der beste Freund*

Der beste Freund, den sie hat, ist Ihnen sehr unangenehm, aber es wird von Ihnen erwartet, dass Sie damit klar kommen - er ist nur ihr bester Freund, aber Gott bewahre, dass Sie eine beste Freundin haben. Bei dem Scheiß würde sie ausrasten. Die Doppelmoral hier ist, dass es völlig in Ordnung für sie ist, den Kerl um sich herum zu haben, er klebt an ihr die ganze Zeit, aber wenn Sie sich auch einmal Ihren Mädchen-Kumpel für einen Drink treffen wollen, sind Sie es wahrscheinlich, der auf der Couch schläft.

*Das Ignorieren*

Vergessen Sie nicht, dass Sie ein eigenes Leben hat. Sie ist nicht Ihre Trophäe, die da ist, um Sie zu ermutigen, ständig ja zu sagen, Sie stillschweigend zu begleiten und so weiter.

Sie hat ihr eigenes Leben, ihren eigenen Kreis und ihre eigene Existenz. Das ist zwar alles schön und gut, aber für Sie scheint das nicht zu gelten, und zwar oft. Wenn Sie Ihre Sachen mit Ihren

Kumpels machen, regt sie sich auf und verhält sich dann sehr distanziert, und wenn Sie dann fragen, was los ist, bekommen Sie wahrscheinlich nie eine klare Antwort.

## Schuldzuweisungen

Schuldzuweisungen sind leider sehr beliebt, wenn es um Frauen geht. In jeder Beziehung gibt es eine Menge komplexer Dinge, aber irgendwie liegt die Schuld immer beim Mann, und wenn es um sie geht, scheint sie immer ihre "Gründe" zu haben, wie dumm und irrational sie auch sein mögen, und Sie dürfen das nicht hinterfragen. Sprechen wir zum Beispiel darüber, dass man in einer Beziehung untreu ist. Ein Mann, der untreu ist, wird mit vielen Schimpfwörtern bedacht, aber wenn eine Frau dasselbe tut, spricht die Gesellschaft nur davon, wie schrecklich ihr Mann sein muss, um sie in die Arme eines anderen Mannes zu treiben. Die Parameter sind wirklich seltsam verschoben, nicht wahr?

## Das Offensichtliche nicht aussprechen

Wenn die Frau Dinge sagt wie: "Ich werde nie so heiß sein wie Monika", und Sie darauf antworten: "Hm", dann wird Ihre Partnerin das wahrscheinlich nicht gut finden. Vielleicht sagte sie tatsächlich die Wahrheit, oder aber sie sagte es nur, um von Ihnen ein "Nein, du bist perfekt" zu hören. Ein bisschen Schmeichelei kann viel bewirken. Denken Sie immer daran, sie aufzumuntern, um bei ihr in guter Erinnerung zu bleiben.

*Geld*

Wenn sie sich etwas wünscht und Sie bittet, dafür zu bezahlen, ist das ein Zeichen dafür, dass sie Sie so sehr liebt, dass es ihr nicht unangenehm ist. Auch wenn es gut für Eure Beziehung ist, fühlt sich ein Zuviel von etwas und ein Zuwenig an Gegenleistung nie sehr fair an, oder?


*Ahnungslos sein*

Frauen sind rätselhaft. Manchmal wissen Sie, was sie will. Allerdings kann es auch vorkommen, dass sie einen wirklich verblüffen, aber damit muss man einfach leben lernen.

## 44 – Liebe Frauen, damit müsst ihr ernsthaft aufhören

Dieser Artikel ist nicht dazu gedacht, Euch Frauen zu beleidigen. Vielmehr soll er eine freundliche Erinnerung daran sein, dass Eure Gesundheit und Euer Wohlbefinden immer Vorrang vor dem Versuch haben sollten, andere ständig beeindrucken zu wollen.

Frauen können alles tun, um stilvoll, hinreißend und am schönsten auszusehen. Es ist wie ein ungesunder Wettbewerb, den die Frauen untereinander entwickelt haben. Im Wettlauf um die größte Beliebtheit verlieren Frauen oft ihr wahres Ich. Experimentieren ist gut, aber zu viel davon kann Eure Körpersprache, Eure Güte und Eure Einstellung völlig ruinieren. Außerdem müsst Ihr bedenken, dass bestimmte Resultate für die Betrachter nicht wünschenswert aussehen könnten. Dann solltet Ihr Euch darüber im Klaren sein, wo Ihr die Grenze ziehen müssen.

Das Ziel im Leben sollte nicht sein, sich darum zu kümmern, was andere über einen denken. Vielmehr muss man immer darauf bedacht sein, glücklich und zufrieden zu sein. Materielle Freuden sind vorübergehend; es ist die wahre Freude der eigenen Seele, die dauerhaft und nützlich ist.

Hier sind ein paar Dinge, mit denen Frauen unbedingt sofort aufhören sollten, damit sie sich schlagartig besser fühlen können:

*Sonnenschutzmittel auftragen*

Es ist kein Verbrechen, wenn man sich um seinen Sonnenschutz kümmert. Andere mögen sich über Dich lustig machen, aber Dein Wohlbefinden sollte Deine Sache sein und nicht die eines anderen. Da die globale Erwärmung die Atmosphäre immer weiter verändert, sendet die Sonne nicht mehr so wohltuende Strahlen aus, wie man noch vor einigen Jahren in der Medizin glaubte. Heute können die Sonnenstrahlen die Haut zerstören und verschiedene andere alarmierende Krankheiten wie Schlaganfälle, Herzinfarkte und sogar Krebs verursachen. Es ist also ein Muss, dass wir unsere Haut schützen. Es geht nicht nur darum, schön zu bleiben. Es ist ein wichtiger Tipp zur Gesundheitsvorsorge für alle.

*Sie können auch im Schneidersitz sitzen*

Vorbei sind die Zeiten, in denen Frauen auf der Straße Anstand wahren mussten, z. B. nicht mit den Beinen wippen, nicht im Schneidersitz sitzen, in der Öffentlichkeit keine Nägel schneiden usw. Auch Frauen sind Menschen, und sie sollten ihr Leben nicht mit Einschränkungen leben. Außerdem, wer entscheidet das für uns? Es ist in Ordnung, im Schneidersitz zu sitzen, es ist in Ordnung, die Beine übereinander zu schlagen und zu sitzen, wie es bequem ist. Das lässt Dich nicht wie eine unanständige Dame aussehen.

*Das Kämmen der Haare in nassem Zustand sollte vermieden werden*

Die Haarwurzeln sind in nassem Zustand schwach. Wenn Sie durch nasses Haar laufen und es kämmen, werden die Haarfollikel geschwächt, und Sie werden definitiv mehr Haare als üblich verlieren. Auch das Föhnen der Haare sollte vermieden werden, auch wenn es bauschig und toll aussieht. Natürliches Lufttrocknen ist am gesündesten.

*Die Pferdeschwanzfrisur*

Ja, der Pferdeschanz kann Dein Gesicht sauber aussehen lassen und ihm Definition verleihen. Außerdem lässt er Dich attraktiv und heiß aussehen. Aber wenn Du Dein Haar immer zu hoch und zu festbindest, kann das zu Kahlheit und einem zurückweichenden Haaransatz führen.

*Zu viel Milch ist nicht gut für deine Haut*

Angesichts der Umweltverschmutzung ist es am besten, wenn Du Dein Gesicht so fettfrei hältst, bei extrem trockener Haut wirst Du allerdings wissen, wie Du das handhaben musst. Öl zieht Schmutz an, der sich in den Hautporen ansammelt, bis Du zu Hause ankommst und Dein Gesicht mit einer Gesichtsreinigung säubern kannst, können viele Stunden vergehen, und das ist überhaupt nicht gut. Verzichte darauf, Milch oder zu cremige und ölige Produkte auf Gesicht und Haare aufzutragen.

*Nach dem Zupfen der Augenbrauen sollte kein Make-up aufgetragen werden*

Das Auftragen von Make-up unmittelbar nach dem Zupfen der Augenbrauen ist ungesund für die Haut, da die Wahrscheinlichkeit, dass Bakterien die Haut schädigen steigt und später schwerwiegende Folgen wie Entzündungen haben kann.

*Ein Kompaktpuder ist nicht immer ein Muss*

Manchmal kann simples Löschpapier den Kompaktpuder wirksam ersetzen. Löschpapier absorbiert das Hautfett effizienter, als wenn Du Puder auf Dein Gesicht tupfst.

*Handtaschen müssen nicht immer vollgestopft sein*

Eine Damenhandtasche sollte nicht immer mit Make-up, Lippenstiften usw. vollgestopft sein. Das ist keine Regel. Manchmal kann man auch ganz ohne Make-up auskommen. Wenn Du Deinen Lippenstift jede Stunde neu aufträgst und Dich nachschminkst, macht das keinen guten ersten Eindruck.

*Dicke Schichten von Make-up sind ein großer Abtörner*

Schminke Dich nicht immer. Make-up in Deinem Gesicht ist jedes Mal ziemlich offensichtlich und macht Deine Schönheit oberflächlich. Lass auch Deine natürliche Schönheit zu und erlaube anderen, das Gleiche zu tun.

*Zu viel Fruchtsaft zu trinken ist nicht so gesund*

Wenn du zu viel Fruchtsaft trinkst, kann das zu Falten führen und manchmal auch dazu, dass die Falten zu früh in Erscheinung treten.


*Du bist schön, wie Du bist*

Es kann ermüdend sein, sich ständig über sein Aussehen Gedanken zu machen. Andere könnten es missbilligen. Lass Deine Haut Haut sein, lass sie atmen und entspanne Dich.


*Reibe Deine Augen nicht so oft*

Das Reiben der Augen macht sie müde, schläfrig und schwach. Außerdem verhindert das ständige Berühren der Augen das Wachstum der Wimpern.


*Natürlich ist es am besten, die Haare an der Luft zu trocknen*

Wenn Du Dein Haar ständig hohen Temperaturen aussetzst, wird es rau und verliert schließlich seinen Glanz.

## 45 - Mit dem Ex befreundet zu bleiben ist die schlechteste aller möglichen Ideen überhaupt

Wenn Du jemals eine Trennung erlebt hast, weißt Du, wie schwer das ist. Vor allem die Zeit danach ist furchtbar, und Du wirst Dir immer wünschen, dass alles gut wird und er zu Dir zurückkommt. Wenn er mit einer anderen zusammen ist, wirst Du zumindest versuchen, mit Deinem Ex befreundet zu bleiben, weil das Gefühl, getrennt zu sein, Dir unmöglich und unerträglich erscheint.

Psychologen zufolge ist es jedoch die schlechteste Idee überhaupt, mit einem Ex befreundet zu bleiben. Nina Atwood, Therapeutin und Autorin von *Temptations of the Single Girl*, hält es nicht für falsch, mit dem Ex befreundet zu sein, aber es ist sowohl emotional als auch körperlich eine Herausforderung.

Sie sagt: "Der Wunsch, mit ihm befreundet zu bleiben, hält Dich davon ab, den Verlust in seiner ganzen Tiefe zu spüren, und mildert den Schlag der Trennung. Du hast vielleicht das Gefühl, dass diese Person Dich besser kennt als jeder andere. Selbst wenn Du Dich sexuell nicht mehr zu ihm hingezogen fühlst, wünschst Du Dir vielleicht immer noch die emotionale Nähe, die Du mit ihm hattest".

Du wirst Dich also immer danach sehnen, dass alles wieder so ist wie früher, und selbst wenn Du weißt, dass er Dich nicht zurücknehmen würde, wirst Du auf Umarmungen, sanfte Küsse und freundliche Worte von diesem Menschen warten. Es wird also nicht leicht für Dich sein, die vergangenen Beziehungen zu bewältigen, und deshalb ist es wichtig, dass Du Dich von Deinem Ex fernhältst.

Wenn Du mit ihm auch nur im Geringsten verbunden bleibst, wirst Du am Ende immer wieder verletzt, und laut der Psychologin Juliana Breines führt die Freundschaft mit einem Ex oft zu mehr verletzten Gefühlen, Eifersucht, Unsicherheit und Angst. Und das nicht nur in Dir, sondern auch in Deiner neuen Partnerschaft.

Lindsay Kriger, ein Beziehungsexperte, sagt ebenfalls, dass "es fast unmöglich ist, Freunde zu bleiben". Er glaubt, dass es am besten ist, seine Nummer zu löschen, ihn in den sozialen Medien zu blockieren, innerlich einen Schlussstrich zu ziehen und weiterzuziehen. Auch andere Mütter haben schöne Söhne!

## 46 – Fremdgehen I wissenschaftlich bewiesene Faktoren, die Menschen zum Fremdgehen veranlassen

Beziehungen sind fast nie einfach. Es gibt immer tausend Dinge, die schief gehen können, aber man muss weiter daran arbeiten, dass die Dinge funktionieren.

Untreue in Beziehungen ist immer ein Thema, das man nicht ignorieren kann, egal wie sehr es einen stört. Untreue ist eine Realität, aber nicht jeder geht fremd oder wird fremdgehen. Es gibt viele Gründe, die jemanden dazu bringen können, fremdzugehen, selbst wenn er ständig gegen den Drang ankämpft, seinen Partner zu betrügen.

Im Folgenden werden einige Gründe genannt, die Menschen dazu bewegen, ihren Partner zu betrügen:

*Emotionale Distanz*

In der heutigen Zeit denken viele, dass Menschen emotional eine Beziehung eingehen und darin bleiben, aber das ist nicht der Fall. Studien haben gezeigt, dass ein Mann und eine Frau, die keine emotionale Kompatibilität haben und sich einander nicht nahe fühlen, ihrem Partner unweigerlich untreu werden. Beziehungen erfordern auch eine bestimmte Art von Sensibilität, die bei beiden Parteien oft zu schwinden beginnt.

*Wenn sie es einmal getan haben, tun sie es vielleicht wieder*

Betrug gehört einfach zu den Gewohnheiten mancher Menschen. Es ist wahrscheinlich, dass Menschen wiederholt fremdgehen, nachdem sie es einmal getan haben, weil es zu einem Teil ihres Verhaltensmusters wird.

*Langeweile in einer Beziehung*

Zu einer Beziehung gehört mehr als nur Bequemlichkeit. Es ist zwar immer wünschenswert, dass sich die Menschen in einer Beziehung gegenseitig trösten, aber wenn man es sich zu bequem macht, wird es schnell langweilig. Es gibt kaum noch Aufregung oder die Bereitschaft, neue Dinge auszuprobieren. Der Sex wird zur Routine und es fehlt einfach die Würze. Das kann dazu führen, dass eine der Parteien ihren Partner betrügt, nur um etwas Neues zu erleben.

*Midlife-Krise*

Wenn Männer das mittlere Alter erreichen, geraten sie in eine Krise und haben das Bedürfnis, etwas zu tun, was sie vielleicht noch nie in ihrem Leben getan haben, nur um sich lebendig zu fühlen und nicht mit dem Alter zu verkümmern. Ich behaupte nicht, dass die Vollendung des 35. Lebensjahres der einzige Grund dafür ist, dass jemand seinen Partner betrügt, aber es kann definitiv einer der Faktoren sein, die dazu beitragen. Wenn jemand wirklich treu ist, kann er das Alter vergessen, denn nichts würde ihn dazu bringen, fremdzugehen.

*Abhängigkeit von den sozialen Medien*

Wir alle lieben die sozialen Medien und daran ist nichts auszusetzen. Regelmäßige Bestätigung durch andere Menschen im Internet ist großartig, aber das Problem entsteht, wenn soziale Medien und virtuelle Interaktion Vorrang vor Gesprächen in Echtzeit und von Angesicht zu Angesicht haben. Wenn Sie viel Zeit auf Facebook, Instagram und Twitter verbringen, finden Sie eher Gelegenheit und Raum, Ihrem Partner untreu zu werden, denn es besteht immer die Möglichkeit, dass er nicht Teil Ihres virtuellen Lebens ist.

*Arbeitsreisen*

Dank der vielen Fernsehsendungen und Filme wissen wir viel über diese Dinge. Auch wenn Sie vielleicht denken, dass es sich dabei nur um eine Floskel handelt, möchte ich Ihnen sagen, dass dies nicht der Fall ist. Studien haben gezeigt, dass 34 % der Männer, die ihre Frauen betrügen, dies auf ihren Geschäftsreisen tun. Auch bei den Frauen ist der Prozentsatz nicht schlecht, denn etwa 15 % von ihnen lassen sich an ihrem Arbeitsplatz auf amouröse Beziehungen ein. Diese Dinge passieren unwahrscheinlich oft zwischen dem 6. und 9. Jahr einer Ehe, also achten Sie darauf, ob die Dauer Ihrer Ehe in diese Kategorie fällt.

*Kein Oxytocin*

Studien und Untersuchungen haben gezeigt, dass Oxytocin, das Hormon der Zuneigung und Liebe, einer der Gründe dafür sein kann, dass jemand seinen Partner betrügt. Wenn dieses Hormon im Zusammensein mit dem Partner nicht ausgeschüttet wird, ist die Versuchung groß, fremdzugehen. Traurigerweise ist Geduld hier der Schlüssel, aber das weiß leider nicht jeder.

*So sind sie nun einmal*

Wir können die Tatsache nicht ignorieren, dass manche Menschen einfach nicht für eine feste Beziehung geschaffen sind. Sie sind zwanghafte Fremdgeher und gehen selbst dann fremd, wenn sie sich in einer äußerst erfüllenden Beziehung befinden.

In manchen Fällen mag Fremdgehen Realität und Absicht sein, in anderen Fällen kann es ein echter Fehler sein. Denken Sie nach, bevor Sie handeln.

## 47 - Fremdgehen II Warnzeichen, dass Ihr Partner Sie betrügt

Das schwierigste und schmerzhafteste Gefühl, das man in einer Ehe erleben kann, ist, betrogen zu werden. Und das Schlimmste kommt erst noch - die Konfrontation. Kein Mensch akzeptiert jemals seine Rolle beim Betrug an seinem Ehepartner. Sie wird fast immer von vornherein geleugnet.

Was tun Sie also? Sie suchen nach Beweisen, die belegen, dass Ihr Partner Sie betrügt. Doch bevor Sie das tun, können Sie auf allgemeine Anzeichen achten, die darauf hindeuten, dass Ihr Ehepartner Sie betrügt.

Doch selbst wenn diese Anzeichen zutreffen, besteht die Möglichkeit, dass Ihr Partner Sie nicht wirklich betrügt. Bestimmte Anzeichen können auf einige wenige Beziehungen zutreffen, während dies bei anderen nicht der Fall sein muss.

Dann gibt es Codes, von denen niemand leugnen kann, dass sie auf Betrug hindeuten. Zum Beispiel das Löschen des Chat-Verlaufs, das Bearbeiten des Internet-Browser-Verlaufs, das heimliche Telefonieren oder die Tatsache, dass man die meiste Zeit unauffindbar ist. Es kann viele Anzeichen geben, die Ihnen auffallen und die zusammengenommen als Anzeichen für Betrug gelten können.

Dies sind die Anzeichen, auf die Sie achten sollten, wenn Ihr Ehepartner Sie betrügt:

1. Ihr Ehepartner scheint an allem desinteressiert zu sein. Es gibt keine Aufregung im Leben Ihres Partners in Bezug auf Sie, Ihre Kinder oder sogar den Job. Das Desinteresse an allem wird zu offensichtlich.

2. Ihr Partner ist ständig auf der Suche nach einem äußeren Nervenkitzel oder einer Herausforderung, um Begeisterung auszulösen.

3. Ihnen beiden fehlt eine intime Beziehung. Es findet ein Rückzug aus jeglicher emotionalen Verbindung statt.

4. Ihre sexuelle Intimität ist entweder am Ende oder in einem anderen Extrem angelangt. Ihr Ehepartner möchte neue Dinge ausprobieren, die keiner von Ihnen bisher praktiziert hat.

5. Ihr Partner drückt ein geringes Selbstwertgefühl aus.

6. Ihr Partner ist so wenig eifersüchtig wie möglich auf Sie.

7. Es gibt Anzeichen für mangelndes Selbstvertrauen Ihres Partners.

8. Ihr Ehepartner beteiligt sich kaum an den Aktivitäten im Haushalt. Er scheint sich zu Hause nicht zu engagieren.

9. Ihr Ehepartner zeigt negatives Verhalten gegenüber allem.

10. Ihr Ehepartner stellt Sie sehr oft mit kritischen Aussagen in Frage.

11. Ihr Partner scheint überall einen Grund zu finden, um mit Ihnen zu streiten. Ihre Streitereien werden immer häufiger.

12. Es gibt kaum Interaktion oder Kommunikation, wenn Sie zusammen sind. Trotz Ihrer Initiative ist das Kommunikationsmuster schwach.

13. Wenn Themen wie außereheliche Affären oder Untreue während eines Gesprächs zur Sprache kommen, wird Ihr Partner defensiv.

14. Ihr Ehepartner schenkt Ihnen ungewöhnlich viel Aufmerksamkeit.

15. Ihr Partner scheint im Büro überpünktlich zu sein.

16. Es gibt eine unerwartete Veränderung im Aussehen Ihres Partners. Man kann eine stärkere Beschäftigung mit sich selbst und den Wunsch feststellen, auf eine bestimmte Weise auszusehen.

17. Kreditkartenabrechnungen scheinen nicht regelmäßig bezahlt zu werden. Es gab in letzter Zeit einige nicht nachvollziehbare Ausgaben.

18. Der Geruch des Rasierwassers oder des Eau de Cologne kommt einem nicht vertraut vor.

19. Ihr Partner beteiligt sich kaum an Familienfeiern und Geburtstagen.

20. Sie können eine Menge Lügen aus der jüngsten Vergangenheit aufdecken.

21. Die Finanzen sind ein häufiger Grund für Streit zwischen Ihnen beiden.

22. Ihr Ehepartner sagt nicht mehr "Ich liebe dich" oder antwortet darauf.

23. Es besteht weniger Interesse daran, Zeit mit Ihnen zu verbringen, sowohl innerhalb als auch außerhalb des Hauses.

24. Ihr Ehepartner streitet oder ärgert sich nicht mehr mit Ihnen.

25. Sie fühlen sich der Aufmerksamkeit Ihres Partners beraubt.

26. Ihr Ehepartner scheint nicht mehr religiös engagiert zu sein oder umgekehrt, plötzlich ist da ein religiöses Interesse, das vorher noch nie da war.

27. Ihr Partner scheint bei allem zurückhaltend zu sein.

28. Auf der Kleidung befinden sich Lippenstiftflecken.

29. Sie haben Ihren Partner nicht betrogen, aber Sie haben sich eine Geschlechtskrankheit eingefangen.

30. Wenn Sie diesbezüglich versuchen, Ihren Ehepartner zur Rede zu stellen, scheint die Reaktion nicht zufriedenstellend zu sein.

Vertrauen Sie auf Ihre Intuition, die Ihnen anzeigt, dass in Ihrer Beziehung etwas nicht stimmt, denn es könnte wahr sein. Es kann alles sein, von der emotionalen bis zur körperlichen Form des

Fremdgehens, aber Sie können sich hinsetzen und Ihre intuitiven Gedanken mit diesen Zeichen abgleichen.

Falls Ihr Partner nicht mit Ihnen kooperiert, was Ihre Bedenken angeht, sollten Sie sich vielleicht professionellen Rat einholen. Oder suchen Sie einfach nach einem noch konkreteren Beweis dafür.

## 48 – Fremdgehen III Anzeichen dafür, dass die Frau, die Sie lieben, Sie betrügt

Scheint schrecklich zu sein, nicht wahr?

Sie denken, Sie würden Ihr Leben lang mit dieser Frau zusammenbleiben, und dann bricht sie Ihnen das Herz. Sie zerstört jedes bisschen Vertrauen, das Sie in sie gesetzt haben, und zerreißt Ihre Seele, nachdem Sie sie bloßgestellt haben.

Jetzt fragen Sie sich bestimmt, was Sie tun sollen. Sollten Sie zu der Frau zurückkehren, die Ihnen das Herz gebrochen hat, und neu anfangen, oder sollten Sie sie in Ruhe lassen und ein neues Leben beginnen? Nun, es wird immer festgestellt, dass, wenn man etwas verlässt, ohne es zu vollenden, es einen immer verfolgen wird. Genauso wie es Sie immer verfolgen würde, warum sie es getan hat, wird es Ihre Tage und Nächte verderben, wenn Sie denken: "Was wäre, wenn ich geblieben wäre?"

Sagen wir einfach, dass Sie dieses quälende Gefühl bis zu einem gewissen Grad verdient haben. Aber was war Ihre Schuld? Sie wollten nur eine normale Beziehung und wurden verarscht.

Hier ist der Haken - vielleicht hat Ihre Frau es nicht getan, um Sie zu verletzen, vielleicht hat sie es nicht getan, weil sie die Beziehung zerstören wollte, sondern vielleicht hat sie es getan, weil es immer verlockender ist, etwas zu tun, was tabu ist. Selbst Eva hat im

Garten Eden gegessen, nachdem sie gebeten wurde, es nicht zu tun. Und Ihre Verlobte oder Ehefrau ist auch nur ein normaler Mensch. Es ist nur menschlich, einmal den Überblick zu verlieren. Es ist menschlich, einmal einen Fehler zu machen. Verdient das etwas so Schwerwiegendes, wie sie einfach zu verlassen? Vielleicht nicht.

Es gibt immer einen Grund, etwas zu tun. Ja, es ist immer möglich, dass Ihre Frau Sie betrogen hat, weil sie sich in einen anderen Menschen verliebt hat. Aber es ist auch möglich, dass sie Sie betrogen hat, weil sie sich durch Ihre Handlungen, Ihre Ignoranz, die Misskommunikation in Ihrer Beziehung verletzt fühlte. Oder sie könnte fremdgegangen sein, weil sie sich klaustrophobisch fühlte. Jeder einzelne Grund kann zutreffen, und es bleibt Ihnen überlassen, herauszufinden, welcher davon am sinnvollsten ist.

Die wichtigste Frage bleibt jedoch bestehen. Was ist als nächstes zu tun? Wie würden Sie als jemand, der gerade betrogen worden ist, reagieren?

Sie könnten gehen, aber das ist die einfachste und dümmste aller Möglichkeiten. Es sei denn, Ihre Partnerin ist ein zwanghafter Betrüger und tut es immer wieder, selbst, nachdem Sie ihr ein Ultimatum gestellt haben, sollten Sie ihr eine Chance geben, vollständig reinen Tisch zu machen und sich Ihren Respekt und Ihr Vertrauen zurückzuerobern.

Sie müssten Ihrerseits daran glauben, dass eine Veränderung möglich ist, und Sie sollten ihr ein Zeitfenster geben. Ja, es wird zu Streit führen, aber das Einzige, was Ihnen helfen kann, diese Situation zu überwinden, ist das Wissen, dass Sie beide einander lieben und füreinander bestimmt sind.

Sie müssen verstehen, dass ein einziger Fehler nicht den gesamten Charakter des anderen prägt. Und ihre Partnerin muss verstehen, dass wiederholte Vorfälle sie als jemanden darstellen würden, der Loyalität und Vertrauen nicht verdient. Beide Parteien müssen sich zu erkennen geben und reinen Tisch machen. Es dürfen keine Lügen oder Geheimnisse verborgen werden, denn Dinge aus der Vergangenheit, insbesondere solche, die verborgen wurden, kommen doch irgendwie ans Tageslicht.

Abschließend stellt sich die Frage, woran Sie erkennen, dass Ihre Frau Sie betrügt. Hier sind ein paar Anzeichen, auf die Sie achten sollten:

1. Sie scheinen keinen Einblick in die tieferen Schichten ihres Geistes zu haben. Sie ist Ihnen gegenüber verschlossen, nicht unhöflich, aber einfach verschlossen und indifferent.

2. Sie lässt Sie nicht an ihr Telefon. So einfach ist das. Sie würde die Sicherheitseinstellungen ändern, es verstecken, wenn sie es nicht benutzt, und es abschirmen, wenn sie jemandem eine SMS schreibt.

3. Sie zögert, wenn es um Verpflichtungen geht. Sie hat nie über eine gemeinsame Zukunft gesprochen und es ist ungewiss, ob sie überhaupt eine will.

4. Sie hat ein schlechtes Gewissen, weshalb sie ständig davon spricht, dass Fremdgehen etwas für Schwache und Feiglinge ist.

5. Sie braucht plötzlich viel Freiraum und Zeit für sich selbst, weg von Ihnen.

6. Sie scheinen sich oft zu streiten, mehr als sonst. Sie kommt an bestimmten Tagen nicht nach Hause und macht sich nicht die Mühe, Ihnen zu sagen, warum.

7. Sie werden feststellen, dass sie über die kleinsten Dinge lügt.

8. Sie hat sich entschlossen, in ihr Äußeres zu investieren. Sie zieht sich sexy und schick an.

9. Um sich aus Ihrem Focus zu nehmen, wird sie Sie der Untreue beschuldigen.

10. Sie würde Sie im Gegensatz zu sonstiger Gewohnheit eher bestätigen, weil sie Schuldgefühle hat.

11. Sie ist weder emotional noch körperlich an der Beziehung interessiert.

12. Sie hasst es, mit Ihnen intim zu sein.


Dies sind beunruhigende Zeiten. Wollen Sie mit jemandem zusammenbleiben, der möglicherweise so denkt? Oder wollen Sie beweisen, dass Ihre Liebe extrem stark ist? Die Entscheidung liegt bei Ihnen! So oder so bleiben Sie der Leidtragende, ob Sie betrogen werden oder durch die endgültige Trennung leiden.

## 49 - Fremdgehen IV Dinge, die Frauen tun, während sie in einer Beziehung fremdgehen

Betrogen zu werden ist eine grausame Erfahrung, denn meistens ist das Fremdgehen kein Fehler, sondern eine bewusst gewählte Option. Als Männer wollen Sie nicht, dass Ihre Frauen mit Ihren Freunden kuscheln.

Falls es Ihnen schwerfällt, der Wahrheit auf die Spur zu kommen, Sie aber dennoch vermuten, dass Ihre Frau hinter Ihrem Rücken eine Affäre hat, finden Sie hier sieben Punkte, die Ihnen vielleicht ein wenig weiterhelfen:

*Sie fragt nach Ihrem detaillierten Tagesablauf*

Sie wird Sie oft nach Ihren Plänen fragen, sehr oft sogar. Wenn sie über Ihre Pläne Bescheid weiß, kann sie ihre eigenen entsprechend planen, während Sie unterwegs sind, und dann nach Hause kommen, um ihre Scharade durchzuziehen. Wenn Sie sie auf frischer Tat ertappen wollen, sagen Sie ihr eine andere Uhrzeit und kommen Sie früher nach Hause. Sie werden sicher herausfinden, was Ihre Freundin vorhat.

*In ihren Gedanken versunken*

Sie wird unaufmerksam sein, und Sie müssen sich mit mehreren unharmonischen Stunden herumschlagen. Während Sie sich unterhalten, werden Sie feststellen, dass Sie nicht mehr als ein gelegentliches "hm" und "huh" von sich geben, und sie scheint in ihrer eigenen Welt verloren zu sein, weit weg von Ihrer. Ablenkung ist der erste Schritt zu einer drohenden Trennung, und wenn Ihr Mädchen bereits anderweitig an Bord ist, wird es nicht lange dauern, bis Ihre Beziehung in die Brüche geht.

*Ständiges Nörgeln*

Selbst kleine Unzulänglichkeiten ärgern sie. Sie ist unnötig unhöflich und streitet und schreit Sie unter dem geringsten Vorwand an. Diese Streitereien werden meist von ihrer Seite aus angeheizt, und da ihr Schuldbewusstsein überhandnimmt, wird sie diese sinnlosen Auseinandersetzungen als Grund für eine Trennung nutzen. "Ich glaube, es funktioniert nicht mehr" oder "Ich glaube, es ist an der Zeit, dass wir uns mit anderen Leuten treffen" wird oft verwendet. Denn sie hat sich bereits für einen anderen Menschen entschieden.

*"Oh, wir sind nur gute Freunde"*

Dieser Satz ist eine Phrase, mit der man rechnen muss und die fast immer eine geheime, versteckte Bedeutung hat. Und meistens stellt sich heraus, dass er mehr aussagt, als er andeutet. Wenn sie sich bei der bloßen Erwähnung dieses "nur guten Freundes" unwohl fühlt, wenn sie bei der Erwähnung seines Namens zusammenzuckt und sich aufgeregt verhält, besteht die Möglichkeit, dass sie eine Affäre mit dieser bestimmten Person hat. Sie können Ihre Geschichte überprüfen, indem Sie das Gleiche mit diesem guten Freund tun und sehen, wie er reagiert. Wenn sie beide nervös und aufgeregt sind, dann, mein Freund, ist es definitiv eine Affäre hinter deinem Rücken.

*Vermeiden einer richtigen Konfrontation*

Wenn sie nach ihrem Aufenthaltsort gefragt wird, wird sie versuchen, eine direkte verbale Konfrontation zu vermeiden, indem sie es vermeidet, Ihre Fragen zu beantworten. Sie wird ihr Bestes tun, um den Streit in eine andere Richtung zu lenken, oder sie wird Sie mit Schweigen bestrafen. Es ist höchste Zeit, dass Sie sich auf eine drohende Trennung vorbereiten.

*"In meinem Handy darfst du nicht stöbern!"*

Das nenne ich den Satz mit der Beendigung der Probezeit. Nicht nur, dass sie an ihrem Handy klebt und angeblich ihren Freundinnen schreibt, sie kichert auch noch und errötet, während sie auf den Bildschirm starrt. Sie ist unaufmerksam und zieht das Telefonieren einer gemeinsamen Unterhaltung vor. Sie würde sich auch über Ihre Einmischung ärgern und den berühmten obigen Satz zitieren, wenn sie sich gefangen fühlt. Daher wird sie bei einer hitzigen Auseinandersetzung Ihnen gegenüber die Karte "meine Privatsphäre" ausspielen.

Sie wird jede Art von körperlicher Konfrontation vermeiden und sogar die grundlegenden Formen der Zärtlichkeit einstellen. Sie wird Sie weder umarmen noch Ihnen einen Kuss auf die Wange geben. Wenn alle oben genannten Punkte häufig auftreten, ist das ein klares Zeichen dafür, dass sie nicht mehr in Sie verliebt ist und sich tatsächlich im wahrsten Sinne des Wortes fortentwickelt hat. Wenn das passiert, ist es besser, allein zu sein, als mit jemandem zusammen zu sein, der nur halb oder gar nicht da ist und selbst das nur widerwillig.

## 50 - Fremdgehen V Anzeichen dafür, dass Ihre Freundin Sie betrügt… nach Meinung von erfahrenen Frauen(!)

Fremdgehen ist verheerend, vor allem, wenn es von jemandem begangen wird, den Sie sehr lieben.

Es gibt in der Gesellschaft das Klischee, dass nur Männer fremdgehen, und das ist falsch. Auch Frauen gehen fremd. Betrug ist nicht auf ein bestimmtes Geschlecht beschränkt, und es gibt keine bestimmte Reaktion auf Betrug. Aber nicht alle Situationen im Leben sind nur schwarz oder weiß.

Manchmal fühlt man etwas, hat aber nicht genügend Beweise dafür, oder man hat zu viel Angst, sich der Realität zu stellen. Etwas Ähnliches passiert, wenn Sie glauben, dass Ihre Freundin Sie betrügt, Sie sie aber nicht direkt beschuldigen können, nur weil sie gerade mit einem männlichen Kollegen zu Mittag isst.

Aber wie man so schön sagt: Die Wahrheit kann nie verborgen bleiben. Sie werden vielleicht keine Beweise finden, aber die Körpersprache und bestimmte Vorfälle können Ihnen helfen zu verstehen, ob Ihre Freundin fremdgeht oder nicht.

Haben Sie das Gefühl, dass Ihre Freundin Sie betrügt, aber Sie wollen sich nicht auf das Niveau des Spionierens herablassen? Dann habe ich genau das, wonach Sie suchen.

Heute stelle ich Ihnen Anzeichen vor, die darauf hinweisen, dass Ihre Freundin Sie betrügt. Diese Anzeichen werden von Frauen selbst genannt, so dass die Wahrscheinlichkeit, dass Sie etwas falsch machen, gering ist. Um zu erfahren, was diese Anzeichen sind, lesen Sie weiter!

*Neuer Freund*

Es ist völlig normal, neue Freunde zu finden, aber es ist nicht normal, plötzlich von einer Person völlig besessen zu sein, vor allem, wenn sie aus dem Nichts aufgetaucht ist und plötzlich ein großer Teil Ihrer Gespräche geworden ist. Ein neuer Freund könnte auch eine neue Schwärmerei bedeuten.

*Geheimnisvoll*

Plötzlich hat sich die Privatsphäre Ihrer Freundin in eine Geheimhaltung verwandelt. Sie gerät in Panik und fängt sogar ab und zu einen Streit an, wenn Sie ihr Telefon oder ihren Laptop ohne ihre Erlaubnis anfassen. Sie hasst es, wenn Sie jetzt überraschend bei ihr auftauchen.

*Zeitprobleme*

Es ist völlig in Ordnung, wenn sie beruflich viel zu tun hat. Aber ständig zu beschäftigt zu sein, selbst um Ihre Anrufe entgegenzunehmen, ist ein ziemliches Ärgernis. Sie hat plötzlich aufgehört, Sie am Wochenende zu sehen. Sie macht sich nicht einmal die Mühe, Ihnen eine Nachricht zu schicken. Sie versucht, ein Minimum an Konversation mit Ihnen zu führen. Sie beide sehen sich wochenlang nicht.

## Kompatibilitätskarte

Nachdem Sie so lange zusammen waren, hat sie plötzlich das Gefühl, dass Sie beide nicht zusammenpassen. Und anstatt daran zu arbeiten, das Problem zu lösen, deutet sie an, sich zu trennen. Dies ist eine uralte Methode, um jemanden loszuwerden.

## Fehlende sexuelle Intimität

Nicht nur emotional, sondern auch sexuell sind Sie beide sich nicht mehr nahe. Sie lässt sich plötzlich nicht mehr von Ihnen berühren und wird reserviert, wenn Sie sie umarmen oder mit ihrem Haar spielen. Sie mag Ihre Berührungen nicht mehr und fühlt sich unwohl.

## Zu gereizt

Sie wird zunehmend gereizt, wenn Sie in der Nähe sind, während sie mit ihren Freunden völlig in Ordnung normal umgeht. Sie mag Ihre Gesellschaft nicht mehr und fängt schon bei Kleinigkeiten an zu streiten. Sie hat sogar angefangen, Sie des Betrugs zu beschuldigen. Das sind nur ihre Schuldgefühle, die sie übermannen. Sie denkt, dass sie sich gut fühlt, wenn sie Sie für etwas beschuldigt, das sie selbst getan hat.

*Versteckte Geräte*

Sie tauchen plötzlich weniger auf ihren Social-Media-Profilen auf. Sie wird alle Bilder, auf denen Sie zu sehen sind, aus ihren Online-Profilen löschen. Sie wird keine Anrufe entgegennehmen oder WhatsApp öffnen, wenn sie neben Ihnen sitzt. Und wenn sie es doch tut, entfernt sie sich, um zu antworten. Ihr Telefon wird immer nach unten zeigen, so dass Sie den Namen des Anrufers nicht sehen können.

*Probleme, die es gar nicht gibt*

Sie fängt an, aus Kleinigkeiten eine große Sache zu machen. Und irgendwie ist die Lösung für all diese Probleme ihrer Meinung nach die Trennung. Sie wird ständig darauf hinweisen, dass man sich trennen sollte, selbst wenn man mal 15 Minuten zu spät kommt.

Das waren also die 8 Punkte, die darauf hinweisen, dass Ihre Freundin Sie betrügt. Achten Sie auf diese Anzeichen, damit Sie Ihre Beziehung nicht unnötig durch Zweifel ruinieren und um sich selbst vor einem schrecklichen Herzschmerz zu bewahren.

Vertrauen Sie Ihrer Partnerin genug, um gründlich abzuwägen, bevor Sie sich auf etwas wie einen alles beendender Streit einlassen. Achten Sie aber darauf, dass Sie sich bei diesen deutlichen Anzeichen, nicht an ihr neues Verhalten gewöhnen, denn das wäre fatal.

# Schlussbemerkung

Ganz sicher geht es in einer Beziehung nicht ohne Humor. Aber da sage ich Ihnen ja bestimmt nichts Neues. Mein Buch, sofern Sie es tatsächlich bis hierher gelesen haben, hat Ihnen im einen oder anderen Kapitel vielleicht tatsächlich ein paar Merkmale und Signale aufgezeigt, die Ihnen bisher nicht so präsent waren. Wenn ja, dann habe ich meine Aufgabe erfüllt. Vielleicht gab es beim Lesen den Moment, als sie dachten: „Das habe ich tatsächlich nicht gewusst."

Hier noch ein paar Dinge, die Sie vielleicht tatsächlich nicht gewusst haben und diesmal geht es mal nicht um Ihr Gegenüber:

... die Verpackung von Cornflakes mehr Nährstoffe enthält als ihr Inhalt selbst?

... in jeder Sekunde 14 Milliarden Kilogramm Schnee und Regen auf die Erde fallen?

... man kein Papier mehr als 7-mal in der Mitte falten kann?

... Termiten sich doppelt so schnell durch einen Baum fressen, wenn sie Rockmusik hören?

... das längste deutsche Wort ohne doppelten Buchstaben Heizölrückstoßabdämpfung ist?

... die Chance sechs Richtige im Lotto zu haben 1:13 983 816 ist?

... blonde Bärte schneller wachsen als schwarze?

... Tiger nicht nur gestreiftes Fell haben, sondern auch gestreifte Haut?

... Autos einen Pfeil an der Tankanzeige haben, der anzeigt auf welcher Seite der Tankdeckel ist?

... sämtliche Schwäne in England Eigentum der Queen sind?

... der Körper eines Menschen über 60 Kilometer Nerven besitzt?

... Neuseeland das einzige Land der Welt ist, das jede Klimazone beherbergt?

... wenn du niest, alle Körperfunktionen aussetzen, sogar dein Herz und du nicht mit offenen Augen niesen kannst?

... die Bevölkerung der USA sechs Prozent der Weltbevölkerung ausmacht, aber ca. 60% aller Ressourcen verzehrt?

... die nächste lebendige Spinne nur sehr selten mehr als 3 Meter entfernt ist?

... ein Schmetterling 12.000 Augen besitzt, was ihn Farben sehen lässt, die wir niemals sehen werden?

... eine Auster ihr Geschlecht während ihres Lebens mehrmals ändern kann?

… die erste Bombe, die die Alliierten über Berlin abwarfen, den einzigen Elefanten im Berliner Zoo tötete?

… es in etwa 6.500 Sprachen auf dieser Welt gibt?

… die längsten Blitze 32 Kilometer lang sind?

## Über den Autor

**Peter Echevers H.** wurde 1954 in Berlin-Zehlendorf in einer alten Berliner Architekten- und Baumeisterfamilie geboren. Er wuchs im Rheinland auf und war bis zur Mittleren Reife eigentlich ein mittelmäßiger Schüler, wenn man von Chemie und Mathematik einmal absah. Danach entwickelte er plötzlich großen Bildungshunger und schrieb sich in ein Aufbaugymnasium und gleichzeitig am Institut Français ein.

Es folgten zwei gegensätzliche Lehren als Notargehilfe und Tischler; danach ein BWL-Studium an der Rheinischen Akademie und Seminare an einer Schule für Bildende Künste. Daneben absolvierte er als externer Schüler mit Erfolg die Fachhochschule für Seefahrt in Elsfleth bei Oldenburg.

Schon sehr früh zog es ihn zur Literatur. Angeleitet durch das Elternhaus, welches eine beachtliche Büchersammlung vorzuweisen hatte, begann sein Einstieg in die geschriebene Welt, kaum, dass er die ersten beiden Volksschuljahre hinter sich hatte. Mit Beginn der Pubertät begannen auch seine Versuche, selbst zu schreiben. Seine erste Veröffentlichung in der Lokalpresse im Alter von 15 war sein Aufsatz über die „Reise nach Paris"; es folgte mit 18 sein Reisebericht „Auf nach Brasilien" in der Lokalpresse.

Immer wieder unterbrach er seine Tätigkeiten, er konnte dem lockenden Ruf der Ferne nicht widerstehen. Zu groß war seine Sehnsucht, andere Länder und andere Menschen und Gebräuche kennen zu lernen. So lebte er für längere Zeit in acht europäischen und fünf außereuropäischen Ländern. Aber seine große Liebe ist und bleibt Südamerika, genauer gesagt Brasilien, wo er sich 2002 nach vielen Einzelreisen niedergelassen hat.

Seitdem hat er die Zeit gefunden, sich ganz dem Schreiben zu widmen. 2013 wurde ihm die Ehrendoktorwürde verliehen. Neben über 650 im Internet veröffentlichten Berichten, Aufsätzen und Stellungnahmen hat er bisher folgende Bücher veröffentlicht:

- Die Gaúchos ISBN 978-1-257-96502-1
- Búzios – Mein Paradies ISBN 978-1-4357-8894-7
- Faszination Rio ISBN 978-1-257-95830-6
- Der exzellente Liebhaber ISBN 978-1-257-95244-1
- Die exzellente Liebhaberin ISBN 978-1-257-94957-1
- Konfliktparallelen ISBN 978-1-257-95444-5
- Moderne Lesart ISBN 978-1-257-95674-6
- Der Feminist ISBN 978-1-257-87377-7
- Unvergesslicher Senegal ISBN  978-1-257-97175-6
- Afrikaerfahrung Elfenbeinküste SBN 978-1-257-98790-0
- Der Beweis ISBN 978-1-257-98733-7
- Der Autoresponder ISBN 978-1-4717-0821-3
- Nadelöhr Panama ISBN 978-1-257-99773-2
- Immer wieder Schweden ISBN 978-1-105-02047-6
- Stete Kanaren ISBN 978-1-105-06365-7
- São Paulo ISBN 978-1-105-09363-0
- Das Golfspiel ISBN 978-1-105-02974-5
- Tango – Komplex ISBN 978-1-105-20512-5
- Formel 0-1-in-2 ISBN 978-1-300-05252-4
- Die Paläo-Diät ISBN  978-1-300-13178-6

- Elvis Aaron Presley ISBN 978-1-105-97628-5
- Der Schriftsteller ISBN 978-1-300-20183-0
- Tinnitus… Und nun ISBN 978-1-300-21638-4
- Das Gedächtnis ISBN 978-1-291-20373-8
- Tendenzen 3000 ISBN 978-1-300-67248-7
- Sexy Six-Pack ISBN 978-1-300-80704-9
- Top-Tipp – Fibromyalgie ISBN 978-1-291-36125-4
- Top-Tipp – Nie mehr Geldsorgen ISBN 978-1-300-72028-7
- Blue Light – ISBN 978-1-300-99839-6
- Top-Tipp – Der Kellner ISBN 978-1-304-09023-2
- Top-Tipp – Waiter & Waitress ISBN 978-1-304-10065-8
- Impfen? - Der-zweihundert-Jahre-Irrtum ISBN 978-1-291-52573-1
- Silvio Gesell – Die Revolution des Geldsystems ISBN 978-1-291-52576-2
- Vitamin D3 – Tricks der Pharma-Mafia ISBN 978-1-326-06349-8
- Ein Mann muss Brot backen können ISBN 978-1-291-56517-1
- Slàinte mhath - Schottland aus der Malt-Whisky-Perspektive, ISBN 978-1-291-62424-3
- "Jet de Schnüss jeschwaadt" ISBN 978-1-291-66476-8
- 3D Visualisierungen - Ernstes und Verspieltes in Cinema4D ISBN 978-1-291-95209-4
- Heilen durch Essen - Ernährung für Multiple Sklerose Patienten ISBN 978-1-291-95085-4
- Pharma-Mafia - Ärzte und Patienten im Würgegriff der Arzneimittelindustrie ISBN 978-1-291-90310-2
- Venustropfen ISBN 978-1-291-22324-8
- Die Liebe kommt aus Panamá ISBN 978-1-326-27509-9

- Annegret 1. Teil ISBN 978-1-326-30273-3
- Anne 2. Teil ISBN 978-1-326-40158-0
- Donna Anna 3. Teil ISBN 978-
- Flucht ISBN 978-1-326-45700-6
- Von Mondstaub und von Feenhaar ISBN 978-1-326-58996-7
- Vom Wolkenschloss und von Zaubererbsen ISBN 978-1-326-66370-4
- De Poeira de Luna e de Cabelo de fadas ISBN 978-1-326-71750-6
- Phalluskult ISBN 978-1-326-73147-2
- Mit Wildkräutern gegen den Krebs ISBN 978-1-326-73148-9
- DAS BÖSE - Lobaczewskis wissenschaftliche Betrachtung ISBN 978-1537610009
- Vom Traumfänger und von der Sonnentänzerin ISBN 978-1-326-79361-6
- Dona Anna ISBN 979-8-498-22457-2
- Corona – Der Wahnsinn hat einen Namen ISBN 979-8-760-67140-0
- Putin – Verstehen oder Verteufeln ISBN 979-8-431-42956-9
- Partnerfibel ISBN 979-8-829-48951-9

www.ingramcontent.com/pod-product-compliance
Lightning Source LLC
Chambersburg PA
CBHW070110260726
48658CB00001B/62